Peter Thiesen

Die gezielte Beschäftigung im Kindergarten

Peter Thiesen

Die gezielte Beschäftigung im Kindergarten

Vorbereitung Durchführung Auswertung

Lambertus

4., unveränderte Auflage 1990

Alle Rechte vorbehalten
© 1985, Lambertus-Verlag, Freiburg im Breisgau
Titelgestaltung und Illustration: Christa Berger, Solingen
Kapitelillustration: Ortrud Stahl, Havixbeck
Herstellung: F. X. Stückle, Ettenheim
ISBN 3-7841-0281-6

Inhalt

Vorwort

Das vorliegende Buch entstand aus der praktischen Arbeit mit angehenden Erziehern und Kollegen im Kindergartenbereich. Es möchte Berufsanfängern und berufstätigen Erziehern helfen, ihre Aufgaben im Kindergarten bewußter und wirksamer zu erfüllen. Darüber hinaus möchte es dem Erzieher in der Praxis Anregungen und Hilfe bei der Anleitung und Beratung von Vor-, Block- und Berufspraktikanten geben.

Für den Erzieher in Ausbildung versteht sich das Buch als Studien- und Arbeitshilfe für die Vorbereitung, Durchführung und Auswertung gezielter Beschäftigungen. Es möchte ihm helfen, bei der Durchführung geplanter Lerneinheiten mehr Sicherheit zu gewinnen.

Ferner gibt es Beobachtungshilfen, die dazu beitragen sollen, durchgeführte Beschäftigungen fundierter und objektiver zu reflektieren.

Die vorliegende Arbeitshilfe möchte schrittweise Informationen über die Auslösung, Steuerung und Kontrolle von Lernprozessen im Kindergarten geben, ohne dabei einer „Rezept- oder Kochbuchpädagogik" das Wort zu reden. Die lernorganisatorischen Überlegungen, Praxisbeispiele und Themenvorschläge verstehen sich als Anregungen und Empfehlungen. Die individuellen Ziele und Inhalte wird der Erzieher je nach Zusammensetzung seiner Gruppe und der entsprechenden Gegebenheiten zu wählen haben.

Ein wesentlicher Teil dieses Buches ist der Planung pädagogischer Arbeit gewidmet, der sich kein berufstätiger Erzieher entziehen kann. Planung bedeutet jedoch nicht, wie manchmal behauptet, Verplanung. Neben dem Freispiel, das große Freiräume für Bedürfnisbefriedigung und Selbstregulierung offen läßt, ermöglicht die geplante Beschäftigung im Kindergartenalltag vielseitige und intensive Lernerfahrungen, die für die Persönlichkeits- und Intelligenzförderung des Kindes unerläßlich sind.

Das Buch hat auch die Absicht, die fachliche Kompetenz des Erziehers zu stärken und zu mehr Klarheit über Zielsetzung, Inhalte und methodisches Vorgehen beizutragen.

Ich widme dieses Buch meiner Frau Anna und meinen Söhnen Florian und Felix.

Peter Thiesen

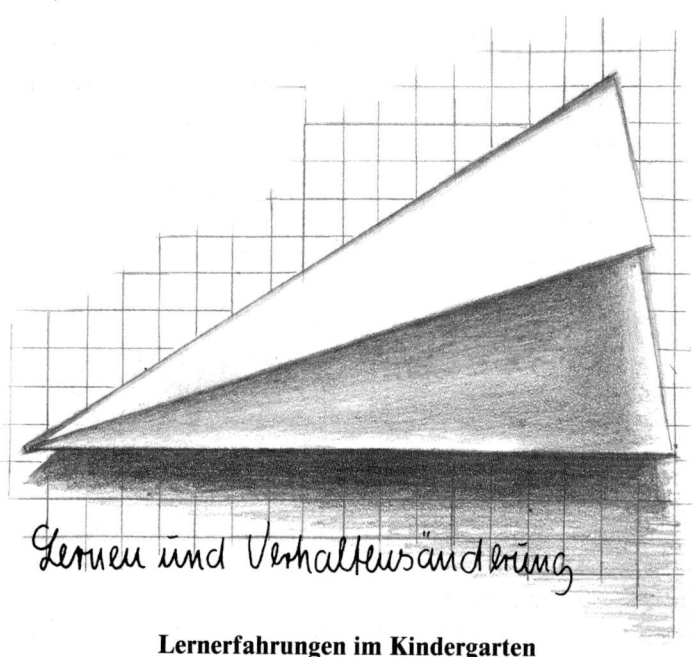

Lernen und Verhaltensänderung

Lernerfahrungen im Kindergarten

Die Bildungs- und Erziehungsaufgabe des Kindergartens ist komplex zu sehen, auch wenn seine Angebote in einzelne Rahmenbereiche unterteilt sind.

Der Kindergarten ist ein Ort, der Kindern über die Familie und ihre Umwelt hinaus Erlebnis- und Handlungsangebote vermittelt.

Während die weitere Umwelt in der Regel auf die Bedürfnisse Erwachsener zugeschnitten ist, berücksichtigt der Kindergarten die Gefühle, Wünsche und Aktivitätsbedürfnisse des Kindes. Dies geschieht in besonderer Weise in der altersgemischten Gruppe.

Bedürfnisse des Kindes berücksichtigen

Will der Erzieher die Gesamtpersönlichkeit des Kindes unterstützen, so wird er ihm genügend Freiraum für seine spontanen Äußerungs- und Tätigkeitsbedürfnisse bieten (z. B. im Freispiel). Um die differenzierten Formen des Erlebens und Tuns zu fördern, muß der Erzieher jedoch auch gezielt anregen, anleiten und unterstützen.

Heute wird (wieder!) vereinzelt der situationsbezogene bzw. -orientierte Ansatz in der Kindergartenarbeit propagiert. Wenn hierin auch eine nicht von der Hand zu weisende Orientierung am pädagogischen Vorgehen zu sehen ist, muß gerade der Berufsanfänger lernen, gezielt zu planen, bevor er sich auf Situationen einstellen kann.

„Nur Freispiel" wäre genauso falsch wie „nur gezielte Beschäftigung". Für die spätere Schulfähigkeit und die gesamte Persönlichkeitsentwicklung lassen sich als Richtziele nennen:

- emotionale Sicherheit,
- Selbständigkeit,
- logisches Denken,
- Gemeinschaftsfähigkeit,
- Phantasie, Kreativität und Spielfähigkeit,
- Erlebnisfähigkeit,
- Besitz von Wertvorstellungen.

Ein vielseitiges und umfassendes Angebot an Lernerfahrungen wird erst durch die Planung des Kindergartenalltags ermöglicht. Dies gilt insbesondere für die gezielte Beschäftigung. Sie darf im Kindergarten nicht zum verschulten Training werden, bei dem es zu einer Überbewertung der Intelligenzförderung kommt, während Spiel und schöpferisches Tun zu kurz geraten. Weder die Verschulung des Kindergartens, noch der ausschließlich auf Bedürfnisbefriedigung und Selbstbestimmung ausgerichtete Kindergarten werden seinem Bildungs- und Erziehungsauftrag gerecht. **Bildungs- und Erziehungs-auftrag**

Teilen wir den Tagesablauf im Kindergarten auf, so wird in der Vormittagszeit das Freispiel ca. 40 – 50 % der Zeit einnehmen, gezielte Beschäftigungen und gelenktes Tun ca. 25 – 30 %. Die verbleibende Zeit (ca. 20 – 25 %) ist in der Regel dem Frühstück, Händewaschen, Anziehen, gemeinsamen Singen u. a. vorbehalten.

Wenn also der Erzieher sein Vorgehen auch systematisch plant, so wird er die kindliche Spontaneität und Eigeninitiative berücksichtigen. Dabei weiß er, auf welche Weise Kinder im Kindergartenalter lernen: **Wie Kinder lernen**

- Kinder machen sporadische Erfahrungen.
- Das Lernfeld des Kindes ist komplexer Natur. Sein Erleben vollzieht sich ganzheitlich, d. h. kognitive, emotionale, psychomotorische und kreative Kräfte werden zugleich angesprochen.
- Gehen wir von den eben genannten Überlegungen aus, so wird der Erzieher keinen isolierten Lernstoff mit künstlichem Anfang und Ende vermitteln. Die einzelne Beschäftigung wird sich an den Rahmenbereichen des Kindergartens orientieren und in ihn eingebettet sein. Die Rahmenbereiche wiederum sind ineinander übergreifende Lernfelder.
- Demnach müßte das Lernangebot für das Kindergartenkind bunt und flexibel sein.

11

Bevor wir Lernprozesse im Kindergarten in Gang setzen, sollten wir uns zuvor noch einmal die bekanntesten Erklärungen für das Lernen vor Augen führen.

Begriffs-
klärung
„lernen" Heute wird im allgemeinen Sprachgebrauch mit dem Begriff „Lernen" das Aufnehmen, die Entwicklung, Ausbildung und Verbesserung einzelner Verhaltensweisen, Verhaltensmöglichkeiten und Fertigkeiten bezeichnet.

Kenntnisse werden erworben und angewendet. Ein Kind, das z. B. gelernt hat, radzufahren, kann es auch, wenn es dies gerade nicht ausübt. Es verfügt über eine Verhaltensmöglichkeit.

Fast jede veränderte Form der Auseinandersetzung des Individuums mit sich selbst und mit seiner Umwelt wird entweder ganz oder zumindest teilweise durch Lernprozesse erklärt. Durch Lernvorgänge werden Bedürfnisse, Interessen, Vorlieben, Ängste und Abneigungen gesteuert. Lernen führt zu einer „Verhaltensänderung" beim Individuum.

So gesehen wäre auch die Anleitung zum Lügen oder zum Stehlen die Unterstützung eines Lernprozesses. Der Erzieher wird natürlich nur Lernprozesse in Gang setzen, bei denen eine Veränderung zum Guten hin erfolgt.

Wert-
vorstellungen
und Normen Was wiederum als „gut" angesehen wird, hängt von den geltenden Wertvorstellungen und Normen ab, die innerhalb eines Gesellschaftssystems bejaht werden. Hier gibt es viele ethische Richtlinien und Normen von zeitloser Gültigkeit, wie z. B. Ehrlichkeit, Hilfsbereitschaft, Zuverlässigkeit, Aufrichtigkeit und Gewissenhaftigkeit.

Erklärungen für Lernvorgänge

Die Wissenschaft hat sich sehr intensiv mit dem Lernen und dessen Arten und Typen befaßt, ohne daß es eine einheitliche Lerntheorie gibt. Fest steht, daß für die Existenz des Menschen das Lernen von größter Bedeutung ist.

Das Lernen selbst ist ein nicht beobachtbarer Vorgang, sondern nur erschließbar, d. h. der Erzieher beobachtet unter bestimmten Bedingungen, z. B. bei einer gezielten Beschäftigung im Kindergarten bestimmte Verhaltensänderungen und schließt daraus, das Lernen stattgefunden hat.

Für den nicht beobachtbaren Vorgang des Lernens gibt es verschiedene Erklärungen. Als bekannteste Konzeptionen lassen sich nennen:

a) Lernen durch Konditionierung

Die Konditionierung beschreibt einen Lernvorgang, bei dem ein bestimmter Reiz (Eindruck von der Außenwelt) mit einer ganz bestimmten, präzisen, willkürlichen Reaktion verknüpft wird.
Beispiel: Rotes Licht an der Fußgängerampel (optischer Reiz) → stehenbleiben (Reaktion).

Ist die Reaktion erfolgreich, führt sie zu einer Verstärkung (Bekräf-
tigung/Belohnung), die dazu beiträgt, daß die Verknüpfung lange beibehalten wird.

Die Verstärkung soll dem Erlernen stets unmittelbar folgen; durch
Wiederholung wird die Reiz-Reaktions-Verbindung gefestigt.
Sicherlich ist Ihnen noch das „Beispiel mit der Herdplatte" bekannt. Ein Kind faßt eine heiße Herdplatte an und verbrennt sich. Es entsteht eine starke Verbindung von Herdplatte (= Reiz) und Schmerz (= Reaktion), die künftig beim Kind erhöhte Aufmerksamkeit auslöst, sobald es eine Herdplatte anfassen will. Es hat durch die räumlich-zeitliche Nähe von Reiz und Reaktion gelernt, daß es sich an einer heißen Herdplatte verbrennen kann und sich vorsichtig verhalten muß.
In Zukunft wird das Kind in bestimmten Situationen schneller und sicherer die richtige „Reaktion" auf den entsprechenden „Reiz" zeigen.
Das Lernen durch Konditionierung findet vorwiegend in der frühen Kindheit statt.

b) Modell-Lernen

Beim Modell- bzw. Imitationslernen wird davon ausgegangen, daß zahlreiche Verhaltensweisen durch die Beobachtung von Personen (= Modelle, z. B. Eltern, Erzieher, Vorbilder) und durch die Nachahmung ihres Verhaltens (= Imitation) neue Verhaltensweisen erworben werden.
Ob ein Mensch Verhaltensweisen von einem anderen übernimmt, ist abhängig von der positiven emotionalen Beziehung, die der Beobachter (z. B. Kind) zum Modell (z. B. Erzieher) hat. Natürlich kann auch negatives Modellverhalten (z. B. ein sich im Straßenverkehr falsch

verhaltender Vater) nachgeahmt werden, wenn das Verhalten des Modells als erfolgreich wahrgenommen wird.

Imitation (= Nachahmung) ist demnach die willentliche oder unwillentliche Formung des Verhaltens eines Individuums nach einem anderen. Nachahmung ist eine wichtige Form des sozialen Lernens, wobei das vorbildähnliche Verhalten durch direkte Bekräftigung belohnt wird. Das Kind lernt durch Nachahmen und baut somit mehrere Handlungsstrategien auf, die der Lösung eines Problems dienen.

c) Lernen durch Versuch und Irrtum

Sehr oft geschieht Lernen durch Probieren, durch Versuch und Irrtum; hat der Lernende mit einer bestimmten Verhaltensweise Erfolg, so wird diese Verhaltensweise „verstärkt", während erfolglose Verhaltensweisen „gelöscht" werden.

„verstärken" und „löschen"

Ein Kleinkind spielt mit einer Würfelpyramide. Es versucht, die verschieden großen Würfel aufeinanderzustapeln, wobei es feststellt, daß es nur durch eine bestimmte Anordnung der Würfel seinem gewünschten Ziel näher kommt. Es probiert, unterläßt erfolgloses und behält erfolgreiches Verhalten bei. Das „Versuch-Irrtum-Vorgehen" führt zur Einsicht.

„Versuch-Irrtum-Vorgehen"

d) Lernen durch Einsicht

Durch unmittelbares Erfassen von Bedeutungen und Sinnzusammenhängen gewinnt das Kind Einsichten, z. B. wenn es erkennt, daß eine feste Unterlage die Stabilität eines Turmes erhöht.

Wir können von Lernen durch Einsicht sprechen, wenn die Verhaltensänderung durch (spontanes) Erkennen der Aufgabenstruktur zustande kommt und die Übertragungsleistungen verbessert werden. Beispiel: Ein Kind sieht geometrische Formen und erkennt diese in der Umwelt (z. B. im Straßenverkehr) wieder.

Einsichtig Gelerntes kann leichter auf andere Situationen übertragen und dadurch besser für das Lösen von Problemen verwendet werden, als das durch Versuch und Irrtum Gelernte.

Lernprozesse in Gang setzen

Als wichtigste Ziele pädagogischer Arbeit überhaupt lassen sich Selbständigkeit und Mündigkeit nennen. Diese Ziele werden sowohl im Kindergarten, im schulischen wie im außerschulischen Bereich angestrebt.

Um gezielt Lernhilfen geben zu können, muß sich der Erzieher mit dem Phänomen des Lernens auseinandersetzen. Dabei kann er auch in der sozialpädagogischen Arbeit nicht auf Methoden schulischen Lernens verzichten; insbesondere dann nicht, wenn er in Bereichen wie im Kindergarten schulvorbereitend tätig wird.

Wenn das Lernen erfolgreich verlaufen soll, muß der Erzieher seinen zu vermittelnden Lernstoff curricular aufbereiten.

Curriculum

Der aus dem Lateinischen stammende Begriff Curriculum bedeutet soviel wie „Ablauf" oder „Zeitabschnitt". Im weitesten Sinn ist das Curriculum ein System von Anregungen, um Lernvorgänge zu stimulieren, zu steuern und zu überprüfen; d.h. es will Hilfe sein für die Planung, den Ablauf und die Kontrolle von Lern- und Erziehungsprozessen.

Definition

15

Das Curriculum soll Antwort auf folgende Fragen geben:

Worüber gibt das Curriculum Auskunft?

1. Welche Kenntnisse, Fähigkeiten, Fertigkeiten, Einstellungen und Verhaltensweisen soll der Lernende erwerben?
2. Mit welchen Gegenständen und Inhalten soll er konfrontiert werden?
3. Was soll er lernen?
4. Wann und wo soll er lernen?
5. In welchen Lernschritten, in welcher Weise und anhand welcher Medien (Materialien) soll er lernen?
6. Wie soll das Erreichen der Lernziele festgestellt werden?

Ein Curriculum zeichnet sich dadurch aus, daß
- Lernziele begründet ausgewählt werden,
- Lernziele konkret formuliert werden,
- eine begründete Verbindung zwischen Lernzielen und Lerninhalten hergestellt wird,
- Lernprozesse bewertet werden.

Demnach erfolgt das Lernen nicht zufällig, sondern zielgerichtet und geplant.

Durch das Curriculum wird der Erzieher gezwungen, seine Lernangebote zielgerichtet zu überdenken, vorzubereiten und darzustellen.

Auch wenn wir uns z. B. in der Kindergartenpädagogik vom starren „Curriculum-Denken" der 70er Jahre entfernt haben, sind wir doch auf konkrete, systematisch durchdachte Zielformulierungen angewiesen. Durch fehlende Konzeptionen, durch unkontrollierte Anforderungen werden Kinder und Jugendliche überfordert und verunsichert; durch eine gezielte Anleitung gewinnen sie zunehmend an Sicherheit.

Didaktik und Methodik

Begriffs-klärung Der Begriff Curriculum wird heute dem Begriff Didaktik gleichgesetzt und gilt als Bezeichnung für die Planung und Analyse von Unterricht. Im weiteren Sinne beschreibt der Begriff alle oder einige Fragen im Bereich der Ziele und Inhalte, der Organisationsformen bzw. Methoden und Medien des Lehrens und Lernens.

Seit Mitte der 70er Jahre wird zwischen Ziel- und Inhaltsproblemen und den Methodenfragen unterschieden; d.h. die Didaktik ist die Theorie der Bildungsziele und -inhalte, während die Methodik die Theorie der Vermittlung ist.

Die Methodik beschäftigt sich mit der Erforschung systematischer Einwirkungen auf Lernprozesse. Darüber hinaus versucht sie, pädagogische Verfahren und Medien bzw. Lehr- und Lernmittel optimal in der Bildungs- und Erziehungsarbeit einzusetzen. Die Methodik beschäftigt sich also mit dem „Wie" und dem „Womit".

Methoden (von „methodos" – der Weg) sind planmäßige Vorgehensweisen zur Erreichung eines bestimmten Ziels. Sie sollen dem Lernenden erfolgreiches Lernen ermöglichen.

Der Erzieher bedient sich verschiedener Methoden; sie sind die Gesamtheit dessen, was er macht, damit Kinder und Jugendliche lernen.

Neben der Abhängigkeit von curricularen bzw. didaktischen Vorentscheidungen ist die Wirksamkeit aller Methoden abhängig

Wovon ist die Wirksamkeit von Methoden abhängig?

- von der außerinstitutionellen Wirklichkeit, in der die Kinder aufwachsen und beeinflußt werden (z. B. Elternhaus),
- von der Erziehungswirklichkeit, innerhalb derer eine pädagogische Methode praktiziert wird,
- von der Atmosphäre und dem Erziehungsstil in einer Gruppe,
- vom pädagogischen Bezug zwischen Erzieher und Kindern bzw. Jugendlichen,
- von der Überzeugungskraft des Erziehers.

Der Erzieher weiß:

DIDAKTIK
im weiteren Sinne Wissenschaft vom Lehren und Lernen in allen Formen

DIDAKTIK
im engeren Sinne Wissenschaft von den Zielen und Inhalten des Unterrichts. Sie befaßt sich mit den Fragen „Wozu?" und „Wofür?" und klärt die Frage nach dem „Was?".

METHODIK
ist die Wissenschaft von den angemessenen Unterrichts- und Vermittlungsverfahren und effektiven Medien (Lehr- und Lernmitteln). Sie befaßt sich mit den Fragen „Wie?" und „Womit?". Die Methodik stellt auch Instrumente bereit, um zu prüfen, ob gelernt wurde.

17

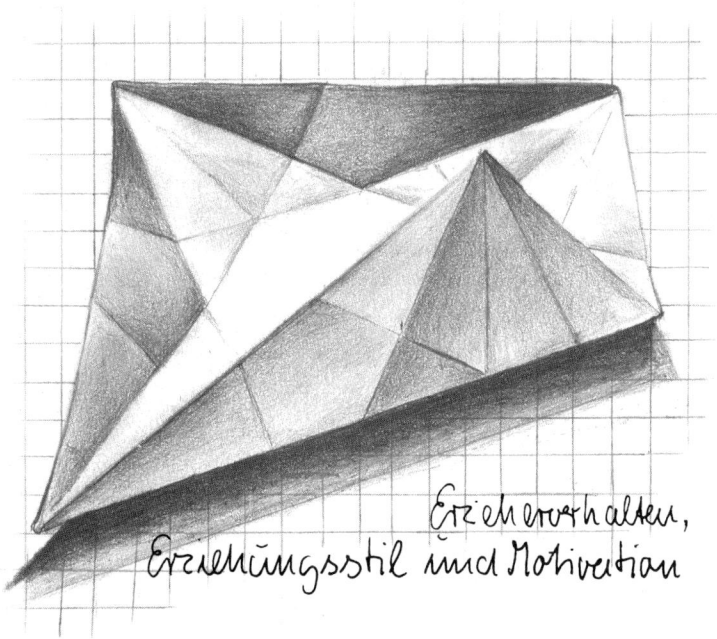

Erzieherverhalten, Erziehungsstil und Motivation

Unter Erzieherverhalten verstehen wir einen Sammelbegriff zur Gesamtheit der Verhaltensäußerungen des Erziehers im sozialpädagogischen Erziehungsfeld. Es ist bedingt durch ein vielschichtiges Beziehungsgeflecht, durch seine Persönlichkeit und durch das Interaktionsgeschehen in der Gruppe und mit einzelnen Personen. Verhalten äußert sich in Wechselbeziehungen (Erzieher − Kind) zueinander.

Das Erzieherverhalten ist ein entscheidender Faktor, durch den sowohl das Verhalten und Erleben der Kinder als auch ihre Haltungen und Einstellungen pädagogisch beeinflußt werden. Der Erfolg und die Effektivität der Lernarbeit werden so in besonderer Weise bestimmt.

Der Erziehungsstil wirkt sich unmittelbar und langfristig auf die Motivationshaltung der Lernenden aus.

Erziehungsstil Beim demokratisch-kooperativen (bzw. sozial-integrativen) Erziehungsstil sieht der Erzieher das Kind als Partner. Er macht es mit Wertvorstellungen, Normen und Regeln vertraut, die es für sein Hineinwachsen in die Gesellschaft benötigt. Der Erzieher achtet darauf, daß sich der Wille des Kindes entwickeln kann, damit es später zu einem mündigen und selbständig handelnden Erwachsenen werden kann. Das Kind darf seinen Willen zwar nicht immer durchsetzen, der Wille darf aber auch nicht unterdrückt werden.

Kinder im Vorschulalter lernen stark personengebunden. Der demokratisch-kooperative Erziehungsstil wird der Motivationshaltung der Kinder in besonderer Weise gerecht.

Kinder lernen personen-gebunden

Partnerschaftliche Erziehung bedeutet für den Erzieher:
- beim Entwicklungsstand, den Bedürfnissen und Erwartungen der Lernenden ansetzen,
- Voraussetzungen für offene Gespräche schaffen,
- wechselseitige Gespräche fördern,
- Raum für Eigeninitiative, Kreativität und Mitverantwortung geben,
- eigene Absichten, Ziele und eigenes Handeln durchschaubar machen,
- sich immer wieder auf neue Menschen einstellen können, beweglich sein, situativ handeln,
- Anreger, Impulsgeber, Befähiger und Beobachter sein,
- sich auch zurückziehen können.

Welche Bedeutung hat nun die Motivation (= Antrieb, Bedürfnis, Spannung) für den Lernprozeß?

Während wir bei Kleinkindern in der Regel eine relativ große Lernbereitschaft vorfinden, wird es beim Jugendlichen und Erwachsenen zunehmend schwieriger, ihre Lernmotivation zu finden oder zu verstärken.

Die Lernbereitschaft des Lernenden hängt von mehreren Faktoren ab; im wesentlichen

Wovon hängt die Lernbereit-schaft ab?

- vom Erzieher,
- vom Material,
- von der Umwelt, in der gelernt werden soll (Raumangebot/Atmosphäre).

Da die allgemeine Lernbereitschaft nicht ausreicht, müssen Lernvorgänge gezielt aktiviert und verstärkt werden. Durch das Erzeugen von Spannung, z. B. durch einen interessanten Einstieg bei einer Beschäftigung, wird zur Lernmotivation hingeführt.

Wie werden Lernvorgänge aktiviert? Der Lernvorgang wird aktiviert, indem der Erzieher
- von gemachten Erfahrungen und Kenntnissen der Lernenden ausgeht,
- auf Bekanntes zurückgreift,
- anschaulich spricht und demonstriert,
- zum Gespräch anregt,
- Themen aktualisiert,
- erbrachte Leistungen verstärkt.

Neugierverhalten Motivieren Sie die Kinder, indem Sie sich ihre Neugier und Fragehaltung zunutze machen. Das Neugierverhalten des Kindes ist ein schon sehr früh erkennbares Streben, sich Informationen über die Umwelt zu verschaffen. In der Entwicklungspsychologie wird es allgemein als Ausdruck eines angeborenen Bedürfnisses betrachtet. Bereits das Neugeborene reagiert auf Reize wie Licht oder Geräusche und zeigt somit Zuwendung. Später sucht das Kind spontan Kontakt mit den ihm bereits vertrauten Personen und Gegenständen, um schließlich ein gerichtetes Interesse am Neuen zu zeigen, indem es z. B. im Spiel und in der Beschäftigung experimentiert und probiert. Es zeigt Neugier.

Um eine autonome Persönlichkeit zu werden, ist das Streben nach Erkenntnis, die Wißbegierde des Kindes, eine elementare Voraussetzung.

Versuchen Sie als Erzieher stets, die kindliche Neugier, Erwartung und Faszination zu fördern und zu erhalten.

Prinzipien zur Stützung von Lernvorgängen

Um Lernvorgänge erfolgreich beeinflussen und stützen zu können, muß der Erzieher die für das Lernen wichtigsten Grundsätze – allgemein Lernprinzipien genannt – im Kindergarten kennen.

Anschaulichkeit

In der Pädagogik gilt die unumstößliche Gewißheit: „Anschauung ist das Prinzip aller Erkenntnis."
Die Anschaulichkeit der Umwelt und die Sprache des Erziehers sind eine entscheidende Hilfe für die Entwicklung der Intelligenz des Kindes.
Die wichtigsten Kennzeichen der Anschaulichkeit sind die Konkretheit und ein Reichtum an Beispielen und Bildern. Das methodisch-didaktische Problem liegt darin, das Kind vom Anschauen zum Denken zu führen und ihm immer neu das Spannungsverhältnis von Anschaulichkeit und Abstraktheit, von Einmaligkeit und Allgemeingültigkeit bewußtzumachen.

Konkretheit und Reichtum an Beispielen

Auf allen Ebenen der Veranschaulichung können Sie die Freude am Lernen steigern. Der Besuch der Feuerwehr wird einprägsamer sein als der Erzieher-Vortrag über dieses Thema. Auch Medien sind eine gute Möglichkeit, die Lernfreude zu steigern. Das spannende Bilderbuch, das gelungene Experiment, die Besichtigung einer Backstube oder einer Polizeiwache, das gute Dia oder das selbst hergestellte Schaubild sind besondere Mittel der Veranschaulichung.

Aktivität

Praktisches Tun Durch praktisches Tun, Spielen, Experimentieren, Ausprobieren, Beobachten und Vergleichen wird das Kind zur Unabhängigkeit, Selbstbestätigung und Entscheidungsfähigkeit geführt. Das Aktivitätsprinzip versteht sich als „Lernen durch Handeln" (learning by doing).

Die Aktivität wird z.B. gefördert durch das Neugier- und Frageverhalten des Kindes selbst, durch den Erwachsenen (Erzieher) als Gesprächspartner und durch ausgewählte Lernangebote und Materialien, die es dem Kind ermöglichen, spontane Ideen zu äußern und Gestaltungsversuche vorzunehmen; sie führen zur (vertieften) geistigen Auseinandersetzung mit einem Thema.

Übung

Lernen heißt üben. Es ist das willentliche Wiederholen geistiger und körperlicher Tätigkeiten, um sie zu erlernen. Um erfolgreich üben und somit lernen zu können, werden Gesamtvorgänge in einzelne Lernschritte aufgegliedert.

Vormachen, Wiederholen, Selbermachen Durch Vormachen (durch den Erzieher) über das Wiederholen bis zum Selbermachen (durch das Kind allein) werden die einzelnen Schritte geübt. Der Erzieher gibt Hilfestellung durch eventuelle Korrekturen.

Eine kindliche Betätigungsform ist das Einüben, Ausüben und Wiederholen. Das Ziel der Übung ist die Festigung von Fähigkeiten und Fertigkeiten. Im Kindergarten wird beim Übungsprinzip stets „vom Leichten zum Schweren" geführt.

Teilschritte

Am ehesten stellt sich für den Lernenden ein Erfolg ein, wenn in überschaubaren Lernschritten gelernt wird. Es empfiehlt sich daher, den Lernstoff in kleine Schritte aufzuteilen, damit für den Lernenden Erfolgserlebnisse sofort nach dem Einprägen erreichbar sind.

Das Binden einer Schleife z. b. läßt sich in sechs Schritten darstellen: 1) überkreuzen, 2) binden, 3) festziehen, 4) Schlaufe legen, 5) Schlaufe herumbinden, 6) festbinden.

Lernstoff in kleine Schritte aufteilen

Unterteilen Sie einmal für sich das Backen eines Kuchens, das Basteln eines Kastanienmännchens oder die Handhabung eines elektrischen Rührgerätes in einzelne Lernschritte. Wieviele Teilschritte ergeben sich? Wie gehen Sie bei der Vermittlung der Lerninhalte vor?

Variabilität

Damit Kinder die Möglichkeit haben, den Lernverlauf mit zu steuern, sollte der Erzieher die Themen- und Medienvielfalt ausnutzen. Variierende Wiederholungen und Einübung, Elastizität beim Ansteuern der Ziele und häufiger Medienwechsel fördern die geistige Beweglichkeit und Spontaneität des Lernenden.

Lebensnähe

Bevor Sie den Kindern in Ihrer Gruppe Tiere vom afrikanischen Kontinent näherbringen, werden Sie sinnvollerweise erst einmal mit ihnen über heimische Tiere, vielleicht sogar über den eigenen Hund oder die eigene Katze sprechen.

Beim Prinzip der Lebensnähe geht es um die Auseinandersetzung mit Inhalten, die dem Kind Erfahrungen mit seiner Umwelt ermöglichen, gleichgültig, um welches Bildungsgut es sich handelt. Im Kindergarten geht der Erzieher stets

Erfahrungen mit der Umwelt ermöglichen

– vom Einfachen zum Komplizierten,
– vom Nahen zum Fernen,
– vom Bekannten zum Unbekannten.

Kindgemäßheit

Im Kindergarten bedeutet kindgemäßes Vorgehen, daß der Erzieher seine Angebote unter Berücksichtigung des Entwicklungsstandes und der alterstypischen Besonderheiten des Kindes planen muß. Hierbei hat er auch die Anlagen und den augenblicklichen Zustand des Kindes zu berücksichtigen.

Das Kind ist eine eigenständige Persönlichkeit, dessen Ich-, Sach- und Sozialkompetenz gestärkt werden soll; d. h., das Verhältnis des Kindes zu sich selbst, zu anderen Menschen und zu seiner natürlichen, kulturellen und technischen Umwelt läßt sich durch gezielte pädagogische Angebote fördern.

Wünsche, Neigungen, Interessen und Situation berücksichtigen

Beim Umgang mit dem Kind sind seine Wünsche, Neigungen und Interessen stets zu berücksichtigen und die Wissensinhalte in kindgemäßer Art anzubieten.

Bringen Sie Ihre Inhalte weder „kindisch" noch „überhöht", sondern klar, sachlich, lebendig und interessant an das Kind heran. Kindgemäßes Lernen bedeutet spielendes Lernen.

Individualisierung

Bei seinen Lernangeboten muß der Erzieher berücksichtigen, daß er es mit Kindern verschiedener sozialer Herkunft und mit unterschiedlicher Entwicklungs- und Lerngeschichte zu tun hat. Versuchen Sie,

individuelles Arbeits- und Lerntempo

die Lernenden unter Anerkennung ihrer eigenständigen Persönlichkeit und unter Berücksichtigung ihres individuellen Arbeits- und Lerntempos anzuleiten und zu fördern.

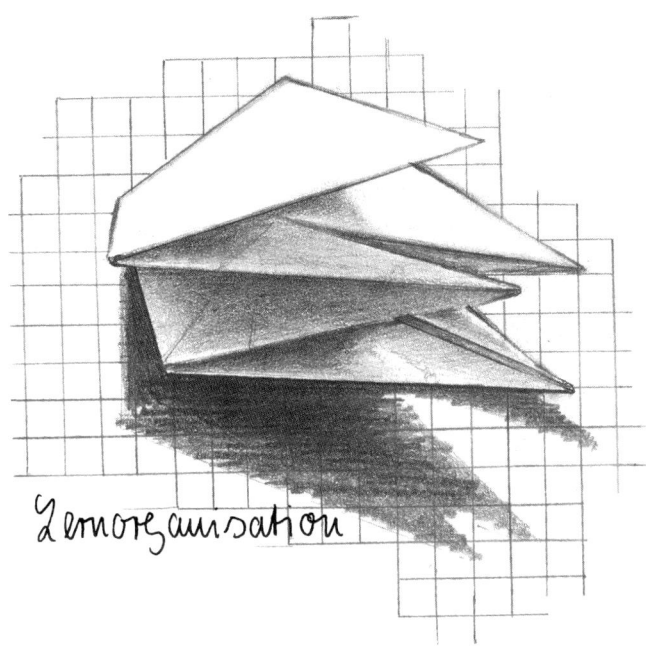

Lernorganisation

Wenn wir von den erläuterten curricularen bzw. didaktischen Gesichtspunkten ausgehen, so beschreibt die Lernorganisation alle Bedingungen, die jede konkrete Lernsituation bestimmen, nämlich

Welche Bedingungen bestimmen konkrete Lernsituationen?

– die Lernvoraussetzungen; sie sind gegeben

  a) durch die Persönlichkeit des Erziehers und dessen Kenntnisse über die Lernbereiche;

  b) durch die gruppenspezifischen Voraussetzungen (Alter, Entwicklungsstand und Motivation der Lernenden, Gruppengröße, individuelle Unterschiede, Situation);

– die Lernziele (Qualifikationen, die angestrebt werden sollten);

– die Lerninhalte (Gegenstände, die für das Erreichen der Lernziele Bedeutung haben);

– die Methoden (Lern- bzw. Vermittlungsverfahren, Mittel und Wege, Lernhilfen, um Lernziele zu erreichen);

– die Medien (Hilfen zur Vermittlung und Erreichung lernzielorientierter Inhalte);

– die Lernzielkontrollen (zur Überprüfung, ob und wie die Ziele erreicht wurden).

1. Lernvoraussetzungen

Lernbereiche

Übergreifende Lernbereiche

Die möglichst dauerhafte Änderung des menschlichen Verhaltens durch Lernen vollzieht sich in Lernbereichen, und zwar

a) in vier von der Person ausgehenden übergreifenden Lernbereichen
  - kognitiver Bereich
  - emotional-affektiver Bereich
  - psycho-motorischer Bereich
  - kreativer Bereich

  Diese Lernbereiche kommen in nahezu allen Lernzielvorstellungen vor.

Rahmenbereiche des Kindergartens

b) im Kindergarten in einer Reihe anwendungsbezogener Lernbereiche (Rahmenbereiche)
z. B. Umwelt-, Sach- und Naturbegegnung, Spracherziehung, Sozialerziehung, Musik- und Bewegungserziehung, Ästhetische Erziehung u.a.m.

Die Lernbereiche überschneiden sich sehr oft und gehen ineinander über. Sie werden in „Leitzielen" konkretisiert und dort über Richtziele, Grobziele bis hin zum überprüfbar formulierten Feinziel untergliedert (siehe „Lernziele"). So lassen sich auch grundsätzlich einzelne Lernziele mehreren Lernbereichen zuordnen.

Die Bewegungserziehung und die Sozialerziehung im Kindergarten z. B. sind eng miteinander verbunden. Das Kind erwirbt motorische Grundfertigkeiten, lernt sie zu beherrschen und gelangt zu seiner Bewegungssicherheit. Gleichzeitig lernt das Kind hierbei Verhaltensweisen wie Rücksichtnahme, Selbstbeherrschung, Fairneß, Hilfsbereitschaft, partnerschaftliche Haltung und Einordnung in die Gruppe.

pädagogische Möglichkeiten des Erziehers

Die Aufteilung in anwendungsbezogene Lernbereiche (Rahmenbereiche) zeigt dem Erzieher, welche pädagogischen Möglichkeiten er im Kindergarten hat und hilft ihm
  - kindliche Aktivitäten unter gleichbleibenden Gesichtspunkten zu beobachten und zu beurteilen,
  - Spiel- und Lernabläufe gezielt in Gang zu setzen und zu steuern.

1. Von der Person ausgehende übergreifende Lernbereiche

kognitiver Bereich (Kenntnis- und Erkenntnisbereich, geistiger Bereich)	emotional-affektiver Bereich (gefühlsmäßiger/seelischer Bereich/Gemütsstimmung)	psycho-motorischer Bereich (Seele und Bewegung/körperlicher Bereich)	kreativer Bereich (schöpferischer Bereich)
Kennzeichen: Änderungen im Bereich des Wissens, Verstehens, Einsehens, Denkens, Vergleichens, Wahrnehmens, Behaltens – Begriffsbildung – Zusammenhänge erkennen – Wahrnehmungsfähigkeit (aufnehmen, genau hinsehen u. zuhören können) – Merkfähigkeit (Kenntnisse erwerben, das Gedächtnis trainieren) – Urteilsfähigkeit (unterscheiden können, sachliche Kritik entwickeln) – Angemessener Sprachgebrauch (sich mitteilen können, sich beim Sprechen auf den Partner einstellen können)	**Kennzeichen:** Bereich der Einstellungen, Gefühle, Haltungen, Wertungen, Überzeugungen – Erlebnisfähigkeit – Bereitschaft, sich nach Regeln zu richten – Bereitschaft, Aufnahme und Pflege mitmenschlicher Beziehungen – Toleranz – Bereitschaft, sich zu freuen	**Kennzeichen:** – Befähigung zu praktischem Handeln (manuelle Fertigkeiten erwerben) – Körperbeherrschung (Fein- u. Grobmotorik, körperliches Können entwickeln) – Physische Belastbarkeit – Verantwortlichkeit für den eigenen Körper	**Kennzeichen:** Vorstellungskraft, Phantasie, Ideen, Einfälle entwickeln – sich mit Neuem auseinandersetzen – geistige Beweglichkeit – Spielenlassen der Phantasie – Originelle Ideen äußern und verwirklichen – Mut zum Experimentieren – ein positives Lebensgefühl entwickeln

2. Anwendungsbezogene Lernbereiche (Rahmenbereiche im Kindergarten)

Mathematische Erziehung (Umgang mit Mengen, Zahlen und Formen)	Spracherziehung (Bilderbuch, Märchen)	Musik- und Bewegungserziehung	Ästhetische Erziehung (Gestalten, Hantieren, Plastizieren)
Spracherziehung (Gespräch, Unterhaltung)	Musik- u. Bewegungserziehung	Sport	Spracherziehung (Kinder- u. Jugendliteratur)
Umwelt-, Sach- u. Naturbegegnung	Sozialerziehung	Ästhetische Erziehung (z. B. Techniken beim Basteln, Hantieren)	Musik- und Bewegungserziehung
Sozialerziehung	Umwelt-, Sach- u. Naturbegegnung	Umwelt- u. Sachbegegnung (häusliches Tun)	Umwelt-, Sach- und Naturbegegnung
Verkehrserziehung	Religiöse Erziehung	Naturbegegnung	Darstellende Spielformen
	Verkehrserziehung	Verkehrserziehung	
	Fest und Feier		

Die vier übergreifenden Lernbereiche sind nicht scharf voneinander getrennt zu sehen, sie überschneiden und bedingen sich vielmehr; so entwickeln sich z. B. Überzeugungen aus Kenntnissen und Einsichten.
Die anwendungsbezogenen Lernbereiche sollen nicht etwa „Lehrplan- oder fächermäßig" verfolgt, sondern in die Lebenssituation der Kinder eingebettet werden.

Dabei muß sich der Erzieher an den Anlagen und Bedürfnissen der Kinder eber so orientieren, wie an Normen und Werten unseres Gemeinschaftsgefüges. Am Ende einer Woche sollte sich der Erzieher überlegen, welchen Bereich er vielleicht zu stark/zu wenig angesprochen hat, um für die kommende Planung entsprechend disponieren zu können.

Anwendungsbezogene Lernbereiche im Kindergarten

Die meisten Kindergärten haben ihr eigenes Konzept, nach dem sie ihre Zielsetzung und pädagogische Arbeit ausrichten.
Im wesentlichen lassen sich für die Kindergartenarbeit folgende anwendungsbezogene Lernbereiche (Rahmenbereiche) als Grundlage für gezielte Beschäftigungen nennen:

Grundlagen für Beschäftigungen

Sozialerziehung

Es gilt, dem Kind beim Aufbau einer stabilen Persönlichkeit zu helfen und es zu befähigen, mit Menschen und Menschengruppen seiner Umwelt in Beziehung zu treten. Dabei muß ein Gleichgewicht zwischen sozialer und persönlicher Identität, zwischen den Ansprüchen anderer und denen des eigenen Ich gefunden werden.
Das Kind soll sich im Kindergarten wohl und geborgen fühlen. Entscheidend für die Persönlichkeitsentfaltung und Bildung ist der Erziehungsstil des Erziehers. Von ihm hängt es ab, wie sich das soziale Selbstverständnis des Kindes entwickelt. Er wird auf Macht und Überlegenheit verzichten, dafür aber ermutigen und behutsam die Selbständigkeit und Spontaneität des Kindes lenken.

Richtziele Als Richtziele der Sozialerziehung lassen sich nennen:
– Selbstbewußtsein (Ich-Stärke),
– Kontaktfähigkeit,
– Selbständigkeit, Handlungsfähigkeit,
– Selbsteinschätzung,
– Kooperationsfähigkeit,
– Verantwortungsbewußtsein,
– Problembewußtsein (mit Konflikten umgehen),
– Toleranz,
– Partnerschaft,
– Liebesfähigkeit,
– Rollenbewußtsein,
– Erkennen und Einhalten von Regeln.

In der Gruppe findet soziales Lernen statt, indem die genannten Fähigkeiten spielerisch und spielend eingeübt werden. Die gezielte Beschäftigung und das Freispiel gehen dabei Hand in Hand. Die Kinder lernen, die eigenen Bedürfnisse, Wünsche und Gefühle zu äußern und die anderer zu verstehen und zu akzeptieren. Sie erfahren, daß jedes Kind anders ist, daß gemeinsames Spiel Rücksichtnahme erfordert, daß Meinungsunterschiede nicht Feindschaft bedeuten müssen und daß es darauf ankommt, den anderen zu achten und menschlich mit ihm umzugehen.

Umwelt-, Sach- und Naturbegegnung

Das tägliche Umwelterleben des Kindes bezieht sich auf die Bereiche Familie und Mitmenschen (Haushalt, Nahrung, Hygiene, Krankheit/ Gesundheit), Technik (Geräte, Maschinen, Verkehrsmittel) und Natur (Tier- und Pflanzenwelt, Wetter, Jahreslauf).
Beschäftigungen im Bereich Umwelt-, Sach- und Naturbegegnung sollen dem Kind helfen, sich in seiner Umwelt besser zurechtzufinden und es befähigen, sich selbst entsprechende Hilfen zu verschaffen.
Im Gespräch, durch Beobachtungen und im experimentellen Spiel sammelt das Kind eigene Erfahrungen. So kann es die Entstehung einer Sache (z. B. Regen oder Elektrizität) erfassen und deren Bedeutung und Eigenart erkennen. Es lernt bedeutungsvolle Lebenszusammenhänge begreifen.

Beobachten, Experimentieren

Spracherziehung

Sprache, Denken und soziales Verhalten stehen in einem engen Zusammenhang. Es gibt nahezu keinen Lebensbereich, in dem auf Sprache verzichtet werden kann.
Das Kindergartenalter ist die Idealzeit des Sprechenlernens. Besonders in diesem Lebensabschnitt wird schnell und leicht gelernt und in großem Umfang Wissen erworben.
Das Kind lernt u. a.:
- Die Sprache ist ein Mittel des Ausdrucks, der Verständigung, der Informationsaufnahme und Weitergabe.
- Beobachtungen und Wahrnehmungen werden beschrieben.
- Das Kind erklärt und deutet Sachverhalte; es äußert Vermutungen und stellt gedankliche Zusammenhänge sprachlich dar.
- Laute werden beim Hören und Sprechen unterschieden.
- Das Kind lernt zuzuhören.
- Die Sprache wird als Medium erfahren (Reime, Lieder, Verse, Geschichten).

Die Sprachförderung im Kindergarten richtet sich nach der kindlichen Sprachentwicklung. Neben der Erweiterung des sprachlichen Handelns und des Erwerbs neuer Begriffe, lernt das Kind in ganzen Sätzen zu sprechen, richtig zu artikulieren und mit der Stimme umzugehen. Dies geschieht insbesondere in der Begegnung mit kindgemäßer Literatur (Reime, Rätsel, Geschichten).

kindgemäße Literatur

Beim Gespräch ist das sprachliche Vorbild des Erziehers natürlich von besonderer Bedeutung.

Umgang mit Mengen, Zahlen und Formen

Im täglichen Leben lernt das Kind, daß Gegenstände unterschiedlich groß sind, daß sie verschiedene Formen haben und trotz gleicher äußerer Beschaffenheit unterschiedlich schwer sein können.

Mit zunehmendem Alter und differenzierterer Wahrnehmung lernt das Kind auch Mengen zu vergleichen und zu ordnen, richtige Begriffe (auch Zahlen) zu gebrauchen oder Folgen herzustellen, bei denen jeweils das folgende Glied vom vorhergehenden bestimmt wird.

Im Spielen mit Mengen, Zahlen und Formen werden das Symbolverständnis und das assoziative Denken (Assoziation = Verknüpfung von Vorstellungen), die Wahrnehmungsschärfe und die Gliederungs- und Merkfähigkeit gefördert.

Um das Denken des Kindes anzuregen, benötigt es Informationen und Anreize aus seiner Umwelt. Bei der Förderung der kognitiven Fähigkeiten des Kindes wird der Erzieher die dem Kind eigentümliche Denkentwicklung berücksichtigen und ihm Möglichkeiten geben, seine Umwelt selbständig zu erfahren. Weder Dressur noch „Nürnberger Trichter" sind geeignet, intensive Erfahrungen zu ermöglichen.

Anreize aus der Umwelt

Gerade beim Umgang mit Mengen, Zahlen und Formen muß der Spielcharakter erhalten bleiben.

Ästhetische Erziehung

Gestaltende und formende Tätigkeiten sind für das Kind mit relativ hohem Erlebniswert verbunden. Bildnerisches Gestalten stärkt die Äußerungs- und Zuwendungsfähigkeit des Kindes, macht Zusammenhänge bewußt, entspannt, fördert die Kreativität und Phantasie. Die ästhetische Erziehung beschränkt sich nicht nur auf das eigene Schaffen (Bauen, Malen, Formen), sondern erstreckt sich auch auf das Erkennen, Interpretieren, Beurteilen und Genießen von Kunst, Landschaft und Menschen. Das Kind erfährt, daß es nicht nur lebenserhaltende, sondern auch sogenannte „höhere Werte" gibt, z. B. die schöpferischen Fähigkeiten des Menschen.

schöpferische Fähigkeiten

Der Erzieher entspricht dem spontanen Interesse des Kindes, seine Umwelt umzugestalten und zu verändern durch Zuwendung und durch das Bereitstellen möglichst wenig strukturierter Materialien. Das freudige Hantieren des Kindes ist dabei stets wichtiger als das fertige Produkt.

Nicht die Reproduktion, sondern die eigene Ausdrucksfähigkeit des Kindes steht bei der ästhetischen Erziehung im Vordergrund.

Als wichtige Ziele lassen sich nennen:
- Kennenlernen verschiedener Arbeitsmaterialien,
- schöpferisches Umgehen mit den Materialien,
- Gewinnen eigener ästhetischer Wertmaßstäbe.

Musik- und Bewegungserziehung

Ohne Musik ist unser Leben nicht vorstellbar. Musik ist in besonderer Weise ein Ausdrucksmittel der Lebensfreude. Sie stimuliert den einzelnen und kann die Gruppe zu gleichen Reaktionen veranlassen.

Ausdruck der Lebensfreude

Musik kann anregen und entspannen und ist somit eine wichtige Grundlage für schöpferisches Handeln, weckt die Experimentierfreude und Phantasie.

Ziele einer musikalischen Erziehung können sein:
- akustische Wahrnehmung verschiedenartiger Signale und Geräusche,
- Erfahren akustischer Veränderungen,
- bewußtes Hören von Musik,
- Neugier auf musikalische Vorgänge,
- Singen,
- Herstellen und Erproben von Geräuschen und Klangquellen,
- Spielen einfacher Lieder auf Orff-Instrumenten,

– Gestalten mit Musik (graphische Darstellung von Rhythmen und Melodiebögen oder das Untermalen einer Geschichte mit Instrumenten),
– Verbalisieren des Gehörten.

Musik wird als reine Bewegung erfaßt und vom gesamten Körper aufgenommen; Musik und Bewegung sind nicht voneinander zu trennen. Nicht nur der Erwerb und das Üben sportlicher Fähigkeiten, wie sie die Vorschulpädagogik der frühen siebziger Jahre propagierte, sondern eine umfassende Bewegungserziehung, die dem Kind zu einem körperlichen und seelischen Wohlbefinden verhilft, sollten Bildungsziel in diesem Rahmenbereich sein.

motorische Grund- fertigkeiten
Das Kind erwirbt motorische Grundfertigkeiten, lernt sie zu beherrschen und gelangt so zu seiner Bewegungssicherheit. Dies geschieht über das sportliche Spiel hinaus und kann durch Tanz, Pantomime und vielfältige freie, partner- und gruppengebundene Spielformen geschehen.

Bewegungserziehung und soziales Lernen sind eng miteinander verbunden. In der Beschäftigung und beim Spiel lernt das Kind z. B. Fairneß, Hilfsbereitschaft, Einordnung in die Gruppe, partnerschaftliche Haltung, Rücksichtnahme und Selbstbeherrschung.

Verkehrserziehung

Kinder sind als Fußgänger im Straßenverkehr in besonderer Weise gefährdet. Sie müssen auf ihre Rolle als Verkehrsteilnehmer einfühlsam vorbereitet werden.

Verkehrserziehung – und somit auch Sicherheitserziehung – im Kindergarten ist wie alle Elementarerziehung familienergänzend. Sie darf nicht als reine Wissensvermittlung betrieben werden, bei der es „nur" um das Erlernen von Verkehrsregeln und Verkehrszeichen geht.

Die Sozialerziehung, Wahrnehmung, Umwelt- und Sachbegegnung und die Bewegungserziehung sind wesentliche Bestandteile der Verkehrserziehung im Kindergarten.

Das sinnliche Erfassen, gedankliche Verarbeiten gehören ebenso wie ein sicheres Bewegen zum verkehrssicheren Verhalten.

Ziele sind z. B.:
- Kennen, Unterscheiden und Benennen von Farben, Formen und Geräuschen,
- Verkehrssituationen erfassen,
- Größen und Gestaltungsunterschiede erkennen,
- Lage und Richtung unterscheiden können,
- Regeln und Verkehrssymbole kennen,
- Reagieren auf einfache Signale,
- sicheres Fortbewegen zu Fuß,
- altersgemäße Fortbewegungsmittel sicher handhaben und beherrschen (Roller, Kettcar, Kinderrad),
- Personen kennen, die im Straßenverkehr bei schwierigen Situationen (Notsituationen) helfen können.

Themenvorschläge zu den genannten Rahmenbereichen finden Sie auf den Seiten 119 – 124.
Eine Fülle praktischer Beispiele zur Vorbereitung gezielter Beschäftigungen bieten u. a. folgende Bücher (s. auch Literaturverzeichnis):
Bleckmann, R.: Soziales Verhalten im Kindergarten.
Friedrich, H.: Auf Kinder hören, mit Kindern reden.
Große-Jäger, H.: Freude an Musik gewinnen.
Müller, H., Oberhuemer, P.: Die Welt, die uns umgibt.
Thiesen, P.: Arbeitsbuch Spiel – Für die Praxis in Kindergarten, Hort, Heim und Kindergruppe.
Thiesen, P.: Kreatives Spiel mit Kindern, Jugendlichen und Erwachsenen.

Gruppenspezifische Voraussetzungen

Der Erzieher wird beim Planen von Lernprozessen in einer Kindergruppe davon ausgehen, daß er es hier mit einem differenzierten sozialen Gebilde zu tun hat.
Die Kinder kommen aus verschiedenen Familien. Sie bringen unterschiedliche „Wertsysteme" mit, d. h., jeder einzelne hat seine Erfahrungen auf emotionalem und sozialem Gebiet gemacht und ist im körperlichen, kognitiven und kreativen Bereich unterschiedlich entwickelt.

Gruppe = differenziertes soziales Gebilde

33

Jeder Lernprozeß hat somit eine Ausgangslage, die vom Lernenden in den Lernprozeß eingebracht wird. Um an die bisherigen Lernerfahrungen des Lernenden anknüpfen zu können, benötigt der Erzieher Informationen über den einzelnen und die Gruppe:

Welche Informationen benötigt der Erzieher von der Gruppe?

- Wächst das Kind bei seinen Eltern/Großeltern/Adoptiveltern auf?
- Hat das Kind Geschwister oder ist es Einzelkind?
- Wie ist der Erziehungsstil zu Hause?
- In welchem Sprachmilieu wächst das Kind auf?
- Verfügt das Kind über genügend Spielerfahrungen (Spielraum und Spielzeug) zu Hause?
- Wie intensiv ist der Kontakt zur Umwelt?
- Welche Erfahrungen besitzt das Kind mit Medien (z.B. Bilderbuch, Fernsehen)?
- Gebraucht das Kind in vollem Umfang seine Sinne?
- Wie weit sind Grob- und Feinmotorik entwickelt?
- Wie ist die Grundstimmung einzelner Kinder in der Gruppe?
- Wie sind die Kontakte (Zuneigung, Anerkennung, Aggression) untereinander?
- Sind einzelne Kinder längere Zeit krank gewesen?

Die Beobachtung der Lerngruppe ist für den Erzieher eine unentbehrliche Voraussetzung. Sie hilft ihm, seine Ziele und Inhalte zu wählen; er kann das methodische Vorgehen festlegen und die Medien und Materialien zusammenstellen.

Da nähere Angaben zum Entwicklungsstand einer Gruppe nur nach längeren intensiven Beobachtungen gemacht werden können, ist z.B. der Praktikant auf Auskünfte der Gruppenleitung angewiesen. Für die Erstellung einer Ausarbeitung ist es wichtig, sich rechtzeitig vorher über den Entwicklungs- und Leistungsstand der Gruppe zu informieren, damit eine Über- bzw. Unterforderung möglichst vermieden wird.

lernen in der altersgemischten Gruppe

Wenn Sie im Kindergarten mit 3 1/2- bis 5jährigen Kindern arbeiten, sind Sie auf viele „Warum"-Fragen gefaßt. Das Kind sucht mit seinen Fragen nach Erklärungen für Dinge und nach Begründungen für Sachverhalte. Es will durch seine Fragen mit Ihnen ins Gespräch kommen.

Das 5- bis 6jährige Kind ist unter normalen Umständen
- aufnahmefähig, wissensdurstig, neugierig, lernbegierig,
- umwelterfassend, gemeinschaftsfähig, anpassungsfähig,
- kontaktfreudig, mitteilsam, lustig, laut,
- im positiven Sinne eigenwillig, aber auch egoistisch, rechthaberisch und zornig,
- liebebedürftig, vertrauensvoll, zutraulich,
- lebhaft, verspielt, nachahmend, selbständig.

Situation in der Gruppe

Bei der Planung muß der Erzieher auch aktuelle Umstände berücksichtigen, die für die Atmosphäre in der Gruppe entscheidend sein können, z. B.:
- Hat die Gruppenleitung gewechselt?
- Sind vorwiegend neue Kinder in der Gruppe?
- Welche Personen befinden sich im Raum?
- Wartet eine Mutter (sichtbar), die ihr Kind abholen möchte?

aktuelle Umstände berücksichtigen

Auf individuelle Unterschiede eingehen

In jeder Gruppe bestehen individuelle Unterschiede, die nicht allein vom Alter und Entwicklungsstand abhängig sind. So gibt es das zurückhaltende, schüchterne Kind, das besonders der persönlichen Zuwendung des Erziehers bedarf, um aus seinem „Mauerblümchen"-Verhalten herausgeführt zu werden; es gibt auch „Kasper", „Star" und „Außenseiter", die vom Erzieher Geduld, gezielte Lenkung, Einbeziehung und Aktivierung verlangen.

„Mauerblümchen", „Kasper" und „Star"

Gruppengröße

In der Praxis hat es der Erzieher im Kindergarten in der Regel mit Gruppengrößen von 20 – 25 Kindern zu tun. Die Teilnehmerzahl bei einer Beschäftigung hängt stets von der Art des Vorhabens ab. Bei einer Bastelbeschäftigung wird man gezwungenermaßen mit weniger Kindern arbeiten als bei einem Gespräch im Stuhlkreis. Während der Ausbildung hat der angehende Erzieher vorrangig mit kleineren Gruppen (6 – 10 Kinder) gearbeitet. Dies war ein gewisser Idealzustand, der so in der jetzigen Praxis nicht mehr besteht.

2. Didaktische Überlegungen

Lernziele

Begriffs-
klärung Lernziele sind die Bezeichnung für das, was durch Erziehung, gezielte Beschäftigung, Unterweisung oder Unterricht angestrebt bzw. erreicht werden soll. Lernziele beschreiben das Verhalten (Kenntnisse, Fähigkeiten, Fertigkeiten), zu dem der Lernende durch den Lernprozeß gelangen soll; d. h. der Erzieher beschreibt, was die Kinder tun sollen, damit ersichtlich werden kann, daß sie auch wirklich gelernt haben, was sie lernen sollen.

Lernziele betreffen immer zugleich geistige, seelische und körperliche Bereiche des menschlichen Verhaltens, auch wenn die Lernzielformulierung sich auf die Kennzeichnung eines dieser Bereiche beschränkt.

Wir unterteilen Lernziele in Leitziele, Richtziele, Grobziele und Feinziele.

Leitziele liegen auf der obersten bildungspolitischen Entscheidungsebene (z. B. „Demokratischer, mündig denkender und handelnder Staatsbürger").

Richtziele haben die Aufgabe, Leitziele zu konkretisieren.

Grobziele sind so konkret gehalten, daß zwar viele, aber nicht alle Interpretationen (Auslegungen, Deutungen) ausgeschlossen sind.

Feinziele werden aus den Grobzielen abgeleitet. Sie sind so konkret wie möglich zu formulieren, damit keine unterschiedlichen Auslegungsmöglichkeiten gegeben sind. Feinziele sind sogenannte „operationalisierte" Lernziele, d. h. sie sind exakt beschreib- und kontrollierbar.

Gehen wir von den Feinzielen aus, so müssen die Worte, mit denen der Erzieher die Lernziele formuliert, konkret und eindeutig die Absicht des Lernziels wiedergeben. Die beabsichtigten Ergebnisse einer gezielten Beschäftigung sollen im Lernziel beschrieben werden, wobei das Ergebnis nur das erwartete Endverhalten des Lernenden sein kann. Die konkrete Verhaltensänderung muß ablesbar sein.

Am Beispiel eines Themas aus der „Umwelt- und Sachbegegnung" (hier: „Wissen über den eigenen Körper und Sorge um die eigene Person") wollen wir ein Grobziel benennen und davon mehrere überprüfbare Feinziele ableiten.

36

Grobziel:
Das Kind besitzt erste Kenntnisse über seinen Körper und kann, soweit es in seinen Kräften steht, für seinen Körper sorgen.

Aus dem Grobziel ergeben sich als mögliche

Feinziele:
Das Kind
- benennt die Teile seines Körpers,
- kennt die Funktion seiner Körperteile,
- kann die Körpermerkmale bei verschiedenen Menschen unterscheiden,
- kann selbständig die Toilette aufsuchen,
- kann sich die Zähne putzen,
- kann sich die Nase putzen,
- kann sich die Hände waschen,
- kann sich die Haare kämmen,
- kann sich die Fingernägel mit einer Nagelfeile reinigen,
- kann seine Kleidungsstücke einzeln benennen,
- kann sich selbständig an- und ausziehen,
- kann seine Kleidung nach der Witterung (Sonne, Regen, Schnee) wählen (z. B. Regenkleidung),
- achtet auf seine Kleidungsstücke,
- weiß, daß Kleider durch Waschen (Reinigen, Bürsten, Bügeln) gepflegt werden,
- kennt die Bedeutung wichtiger Grundnahrungsmittel wie Brot, Milch, Fleisch, Obst und Gemüse für den eigenen Körper,
- kennt die täglichen Hauptmahlzeiten,
- hilft beim Auf- und Abdecken des Tisches.

Der Erzieher beschreibt also Operationen, die hier die Kinder vollziehen sollen, damit erkennbar wird, daß sie tatsächlich den im Lernziel intendierten Anspruch auch erreicht haben. Bei der Operationalisierung ist besonders wichtig, daß der Erzieher den Lernstand, die Lernfähigkeit und das Lerntempo der Lernenden berücksichtigt.
Lernziele dürfen das Kind nicht überfordern, aber auch nicht hinter seiner Entwicklung herhinken. Sowohl Über- als auch Unterforderung rufen Langeweile und Frustration hervor.

Lernziele ausfindig machen

In der Sozialpädagogik – so auch im Kindergarten – besteht der Grundsatz: Anfangen, wo die Gruppe steht.
Der Erzieher muß demnach die konkrete Lebenssituation „seiner" Kinder in ihren verschiedenen Anforderungen erfassen.
Im Kindergarten werden die speziellen Aufgaben in den Rahmenbereichen formuliert, um so dem Erzieher bei der Entwicklung von Lernzielen zu helfen.
Die Schwierigkeit für den Berufsanfänger besteht oftmals darin, in den zum Teil abstrakt wirkenden Lernbereichen die Vielzahl konkreter Möglichkeiten in ihrem Gesamtzusammenhang zu erkennen.

Wie lege ich Lernziele fest?

Bei der Festlegung von Lernzielen muß sich der Erzieher fragen:
1. Welche Bedeutung (Wichtigkeit) hat das Lernziel für den Lernenden?
2. Ist die Erreichung des Lernziels sinnvoll?
3. Helfen die gewählten Lernziele bei der Realitätsbewältigung?
4. Sind die Lernziele dem Entwicklungsstand des Lernenden angemessen?
5. Berücksichtigen die Lernziele den Gesamtplan?
6. Sind die Lernziele logisch beschaffen?
7. Welche Lernerfahrungen werden bereits vorausgesetzt, um das Erreichen der neuen Lernziele positiv zu beeinflussen?
8. Wie wird das Lernziel begründet?

Lerninhalte

Lernziele müssen in konkrete Lerninhalte umgesetzt werden, d. h., für den Erzieher stellt sich die Frage: „Was bringe ich an die Kinder heran, um meine gewählten Lernziele zu verwirklichen?"
Lernziele sind Lerninhalten gegenüber vorrangig, jedoch von diesen nicht unabhängig.

Überlegungen bei der Auswahl von Inhalten

Es ergeben sich folgende Überlegungen:
1. Welchen allgemeinen Wert und welche exemplarische Bedeutung hat der Lerninhalt?

2. Welche Sinn- oder Sachzusammenhänge werden durch die Inhalte erschlossen?
3. Welche gegenwärtige und zukünftige Bedeutung hat der Lerninhalt für den Lernenden?
4. Wie ist der Lerninhalt strukturiert?
5. Gibt es besondere, sich (aktuell) anbietende Gelegenheiten, sich im Lernprozeß mit einem Inhalt auseinanderzusetzen?

Lerninhalte werden nach didaktisch-methodischen Gesichtspunkten und nach praktischen Erfahrungen (z. B. mit der Lerngruppe) ausgewählt:
– Auswahl nach pädagogischen Prinzipien wie der Anschaulichkeit, des Exemplarischen, der Lebensnähe, der Teilschritte;
– Aufbau auf bekannten Voraussetzungen;
– Einbeziehung des Konkret-Erlebbaren (bei älteren Kindern und Jugendlichen auch des Abstrakt-Denkbaren);
– sachlich angemessene Vereinfachung auf das Wesentliche, Grundlegende.

Die Lerninhalte lassen sich nicht nach einem allgemeingültigen Schema erarbeiten, sondern müssen sich jeweils an den Lernbereichen orientieren.
Aus dem Lernbereich „Ästhetische Erziehung" lassen sich z. B. folgende Lerninhalte nennen:
– Malen, Zeichnen
– Drucken
– Falten und Biegen
– Reißen, Schneiden, Kleben
– Formen, Modellieren
– Betrachten von Gegenständen und Bildern

Die Lerninhalte werden auf der Ebene der Grobziele als Gesamtvorhaben angegeben und auf der Ebene der Feinziele als Teilvorhaben untergliedert.
Das Gesamtvorhaben könnte z. B. „Drucken" lauten; die Teilvorhaben wären dann verschiedene Drucktechniken wie Fingerdruck, Kartoffeldruck, Pinseldruck, Korkdruck . . .
Inhalte (Gesamtvorhaben) aus dem Lernbereich „Umwelt-, Sach-, Naturbegegnung" können z. B. sein: Haustiere, Tier- und Pflanzen-

welt der Umgebung, Wohnung und Garten, Jahreslauf, Technik, Nahrung und Gesundheit/Körperpflege. Nehmen wir den Lerninhalt

Teilvorhaben „Technik", so könnten wir ihn in eine Vielzahl von Teilvorhaben aufgliedern; z. B. in „Verkehrsmittel" und hier wieder in „Roller, Dreirad, Fahrrad, Motorrad, Auto" usw. (Nutzen und Gefahren).

Lerninhalte nennen stets die zu besprechenden Gebiete und stellen fest, welche Kenntnisse, Fähigkeiten und Fertigkeiten erworben werden sollen.

Bei der Auswahl der Lerninhalte ist grundsätzlich die Frage nach der „lebensdienlichen", d. h. praktischen Bedeutung für das Kind zu stellen.

3. Methodische Überlegungen

Ziel und Kriterium pädagogischer Methoden ist es, daß bzw. ob sie zufriedenstellendes Lernen ermöglichen. Der Lernende soll dabei das ihm unter methodischer Vermittlung Dargebotene nicht nur einfach übernehmen, sondern lernen, allmählich selbständig Erkenntnisse zu finden und sich ein Können anzueignen. Lernmethoden müssen dem-

Selbsttätigkeit nach die Selbsttätigkeit des Lernenden ansprechen.
des Kindes Die zentrale Phase jedes methodischen Vorgehens ist die eigentliche
ansprechen Lern- und Arbeitsphase, also die Auseinandersetzung mit dem Thema, der Aufgabe und der zu erwerbenden Fähigkeit. Da der Sinn eines Spiels ein anderer als der einer Besichtigung ist oder die Beschäftigung mit der Musik ein anderer als der mit dem Mengentrainer, müssen auch die Formen der Vermittlung und Aneignung, die methodischen Schritte und ihre Folge unterschiedlich sein.

So wie es in der Pädagogik keine Rezepte geben kann, gibt es auch keine Universalmethode. Dafür gibt es verschiedene Lernhilfen, die

Lernbereit- dem Lernenden das Lernen erleichtern und zusätzlich seine Lern-
schaft fördern bereitschaft fördern.

Lernhilfen
– gehen von der Person des Erziehers aus,
– werden gegeben durch die Wahl und den Einsatz bestimmter Lern- und Aktionsformen,
– erfolgen durch die Einteilung in Lern- bzw. Vermittlungsstufen und durch schrittweises Vorgehen,
– erfolgen durch Medien.

40

Lernhilfen durch den Erzieher

Sie wissen, daß Sie durch Ihr Erzieherverhalten pädagogische Einflußnahme ausüben, und daß gerade Kinder im Vorschulalter sehr personenabhängig lernen. Für Ihr methodisches Vorgehen im Kindergarten ergibt sich aus dieser Tatsache eine Reihe wichtiger Erkenntnisse:

- Motivieren Sie die Kinder, indem Sie Ihre Beschäftigungen originell beginnen. Nutzen Sie dabei die Neugier und Fragehaltung der Kinder und erhalten Sie ihnen diese. Durch „spannendes" Vorgehen bleibt die Motivation im Verlauf des Lernens erhalten.
- Knüpfen Sie an das Vorwissen und den Erfahrungshintergrund der Kinder an; schöpfen Sie vorhandene Kenntnisse voll aus. Das neu zu Lernende kann so leichter integriert werden.
- Schulen Sie die sprachliche Ausdrucksfähigkeit der Kinder, indem Sie Impulse für Gespräche geben und Fragen stellen.
- Sprechen Sie klar, verständlich und anschaulich. Sprechen Sie nicht zu leise bzw. monoton.
- Seien Sie humorvoll und sorgen Sie für eine gelöste Atmosphäre.
- Ermutigen Sie die Kinder, sich spontan zu äußern, zu reflektieren und zu kritisieren. <small>ermutigen</small>
- Geben Sie Denkanstöße, die die Kinder an das gemeinsame Ziel erinnern.
- Fördern Sie die Zusammenarbeit, indem Sie Spielregeln aufstellen, Material austeilen lassen, zur gegenseitigen Hilfestellung (da, wo sie erwünscht ist) anregen.
- Nehmen Sie die Bedürfnisse der Kinder (z.B. zu lärmen, sich zurückzuziehen, sich mitzuteilen) wichtig. <small>kindliche Bedürfnisse ernst nehmen</small>
- Rechnen Sie auch mit grundsätzlichen Herausforderungen der Kinder. Finden Sie dabei einen Mittelweg zwischen Lob und Tadel; lassen Sie sich nicht auf einen Machtkampf ein. Seien Sie nicht verletzt und strafen Sie nicht mit „Wiedervergeltung". Auch Kinder haben mal einen schlechten Tag.
- Wenn Sie neu mit einer Gruppe zusammenarbeiten, testen die Kinder auch die Grenzen möglichen Verhaltens; sie experimentieren, um zu sehen, wie weit sie gehen können. Häufig wird störendes Verhalten durch „Nicht-darauf-Eingehen" gelöscht.
- Begründen Sie Ihre Entscheidungen.

41

- Geben Sie sachliche Informationen über Konsequenzen bestimmten Verhaltens anstelle von Anweisungen.
- Lassen Sie Kinder nicht länger stillsitzen als es ihr Entwicklungsstand zuläßt.
- Kinder brauchen Hilfe, wenn sie Sicherheit gewinnen sollen. Geben Sie weiterführende Hilfen, keine fertigstellenden. Achten Sie auf selbständiges Handeln der Kinder.
- Bemühen Sie sich, die Häufigkeit und Intensität Ihres Sprechens allmählich zu verringern; so wird die Erzieherfixiertheit nach und nach abgebaut und die Kommunikation der Kinder untereinander mehr gefördert.
- Wählen Sie Inhalte und Aufgaben, bei denen die Kinder besonders aktiv mitwirken können (Aktivitätsprinzip).

auf Reizfragen verzichten
- Verzichten Sie auf Reizfragen, die auf die Herausforderung einer vorherbestimmten erwünschten Antwort zielen. Geben Sie den Kindern die Möglichkeit, in ganzen Sätzen zu antworten.
- Jedes Kind will angenommen, geachtet und geliebt werden. Der Erzieher sollte echte Freude zeigen und ausdrücken.

entspannte Atmosphäre
- Durch freundlichen Umgangston schaffen Sie eine entspannte Atmosphäre und ein angstfreies und vertrauensvolles Klima.
- Geben Sie mit Wort und Tat dem Kind zu verstehen, daß seine Bemühungen Aussicht auf Erfolg haben, daß sein Tun Ihr Echo findet. So stabilisieren Sie seine Motivation.
- Geben Sie Rückmeldungen, die einen anerkennenden Charakter haben und ermutigen; üben Sie Kritik immer sachbezogen.

Leistungen verstärken
- Stellen Sie sicher, daß die Kinder die von Ihnen dargestellten Ziele gut erreichen können. Erkennen Sie die Leistungen ab und zu an (intermittierende Verstärkung). Das Loben von Lernverhalten steigert die Häufigkeit, richtig zu lernen.
- Übertragen Sie leichtere Aufgaben an Schwächere, um somit die Möglichkeit des Lobens zu haben.
- Benutzen Sie vielfältige Darstellungsformen.

wirklichkeitsnahe Inhalte
- Suchen Sie wirklichkeitsnahe Lerninhalte aus.
- Teilen Sie das Vorgehen in Lernschritte auf, die vorwiegend Erfolgserlebnisse ermöglichen.
- Geben Sie genügend Orientierungshilfen.

Methodenwechsel
- Dynamisieren Sie den Lernprozeß durch Methodenwechsel, um so möglicher Monotonie und Langeweile vorzubeugen.

– Beschäftigungen sollten nicht abrupt abgebrochen werden. Nehmen Sie sich Zeit für einen harmonischen Ausklang; für ein Gespräch, eine gemeinsame Betrachtung, gemeinsames Aufräumen.

Lernformen

Lernmethoden sollen die verschiedenen Grundformen der Auseinandersetzung des Menschen mit der Wirklichkeit in kindgemäßer Form repräsentieren. Der Erzieher sollte deshalb abwechslungsreich vorgehen und verschiedene Lernformen zur Anwendung bringen.
Im Kindergarten eignen sich besonders folgende Lernformen:

Gespräche
Durch Sprache werden Gedanken, Ideen und Begriffe geklärt. Vor- sprechen
stellungen werden erweitert, vertieft und gegebenenfalls korrigiert.
Gespräche fördern die Sachlichkeit des Denkens.

Beobachtungen von Vorgängen
Die Beobachtungsfähigkeit und somit die Verbesserung der Wahr- beobachten
nehmungsfähigkeit können Sie durch vielfältige Beschäftigungen
fördern, z.B. durch Besichtigungen, Besuche, durch das Untersuchen von Gegenständen, durch kindgemäß durchgeführte Versuche und Experimente.

Herstellen, Konstruieren und Bauen
Das Herstellen, Konstruieren und Bauen wird auch als „Denken der   „Denken
Hand" bezeichnet. Die notwendige gedankliche Klärung erfolgt wäh-   der Hand"
rend des Vollzugs. Das anschauende Auge, das registriert und vergleicht, setzt hier den Denkprozeß in Gang. Für die Ausbildung des Denkens ist das Bauen und Konstruieren somit von tragender Bedeutung. In gezielten Beschäftigungen kann das Kind mit Hilfe entsprechender Materialien (z.B. Ton, Pappe, Konstruktionsspielmittel) seine Einfälle verwirklichen.

Demonstrieren
Beim Demonstrieren, nämlich bei der Überlegung, wie z.B. ein Foto-

Funktions-
zusammen-
hänge
offenlegen
apparat, eine Puppe, eine Uhr, ein Schalter oder ein Radiogerät von innen aussieht, werden für das Kind technische Funktionszusammenhänge offengelegt.

Untersuchen
Bei Untersuchungen werden Beobachtungsgabe, Ausdauer und Konzentrationsfähigkeit gefordert und gefördert. Untersuchen weist Ähnlichkeiten mit den Lernformen Beobachten und Demonstrieren auf.

emotionale
Eindrücke
verarbeiten
Zeichnen und Malen
Das Zeichnen und Malen ist eine Lern- und Aktivitätsform von hohem didaktischem Rang. Kinder im Vorschulalter, die malen und zeichnen, verarbeiten meist emotional bewegende Eindrücke.

Rollenspiel
Das Rollenspiel ist besonders durchdrungen vom spielenden Lernen. Das Kind identifiziert sich mit dargestellten Personen (Vater, Mutter, Arzt, Polizist) und Objekten (Auto, Flugzeug und Lokomotive).

Die einzelnen Lernformen sind oft miteinander verbunden und lernbereichsübergreifend.

Aktionsformen

Atmosphäre
wird geprägt
Bei der Planung von Beschäftigungen spielt die Wahl der Aktionsform für die Erreichung der Ziele eine wichtige Rolle. Die Art und Weise des Einsatzes der Aktionsform beeinflußt wesentlich das Handeln der Gruppe und des einzelnen sowie den Lernerfolg der Beschäftigung; darüber hinaus prägt sie entscheidend die Atmosphäre während der Durchführung.
Für gezielte Beschäftigungen bieten sich als Aktionsformen an:

Informationen
steuern
Erziehervortrag
Der Erzieher hat „die Fäden in der Hand". Er steuert zentral die Informationen und den Verlauf (z.B. beim Erzählen, Vorlesen, Musizieren, Turnen).

Partnerarbeit
Die Partnerarbeit ist fast immer verwendbar. Sie ist von hoher Effektivität und für die Kinder abwechslungsreich gestaltbar. Nach genauer Aufgabenstellung des Erziehers sind jeweils zwei Kinder für kurze Zeit zu einer Arbeits- oder Spielgemeinschaft (z. B. beim Turnen, Musizieren, bei Bewegungsspielen) beisammen.

von hoher Effektivität

Allein- bzw. Einzelarbeit
Die Alleinarbeit ist schon seit langem bekannt. Besonders in der Schule ist sie ein Element der Steuerung durch den Lehrer. Alleinarbeit läßt dem Lernenden einen besonders großen individuellen Spielraum in der Lernaktivität und im Arbeitstempo.
Sind genügend Raum, ausreichendes Material und eine entspannte Atmosphäre vorhanden, so ist die Alleinarbeit die konsequenteste Form der Individualisierung. Besonders effektiv wird sie als Kombinationselement mit anderen Aktionsformen. Im Kindergarten wird die Alleinarbeit z. B. beim Malen und Basteln eingesetzt.

großer individueller Spielraum

Gruppenarbeit
Die Gruppenarbeit fördert soziale Verhaltensweisen. Sie fordert die Bereitschaft zur gegenseitigen Hilfe und zur Zusammenarbeit; ferner die Bereitschaft zum gegenseitigen Verständnis, zur Toleranz, im Team zu arbeiten und sich zu beraten. Im Kindergarten ist die Gruppenarbeit nur begrenzt möglich.

fordert zur gegenseitigen Hilfe auf

Im wesentlichen lassen sich die genannten Aktionsformen in zwei Bereiche unterteilen:
a) Direkte Aktionsformen
Der Erzieher wendet sich direkt an die Kinder, z. B. beim Gespräch, bei der Erläuterung einer Demonstration, bei der Darbietung einer Geschichte.

b) Indirekte Aktionsformen
Der Erzieher wirkt über bestimmte Situationen, in denen er die Kinder bewußt sich selbst überläßt; z. B. durch Arbeitsanweisungen, Finden eigener Lösungswege beim Arbeiten mit dem Mengentrainer.

direkte und indirekte Aktionsformen

Die Aktionsformen zeigen, daß sich die Interaktion in einer gezielten Beschäftigung hauptsächlich durch die Sprache vollzieht. Der Erzieher benutzt sie nicht nur zur Verständigung, sondern als Instrument des Vermittelns und der Verhaltensänderung.

Insgesamt erfolgt die Beeinflussung des Lernenden durch den Erzieher sprachlich, mimisch und gebärdenhaft.

Die wichtigsten Grundformen didaktischen Sprechens sollten Sie kennen:

didaktisches Sprechen

1. feststellen
2. bezeichnen
3. erklären
4. erzählen
5. berichten
6. beschreiben
7. schildern
8. begründen

9. vergleichen/ unterscheiden
10. Beispiele aufzeigen
11. ergänzen
12. erläutern
13. fragen
14. auffordern

15. anleiten
16. Aufgaben stellen
17. ermutigen
18. ermahnen
19. beurteilen
20. wiederholen
21. verbessern

Zur Technik der Erzieherfrage

Worauf sollte der Erzieher beim Fragen achten?

Durch Fragen kommt der Erzieher mit dem Kind ins Gespräch. Worauf sollte beim Fragen geachtet werden?
– Damit sich alle angesprochen fühlen und zum Nachdenken angeregt werden, besondere Denkfragen möglichst an die ganze Gruppe und nicht an einzelne stellen.
– Keine Suggestivfragen stellen.
– Vermeiden Sie Kettenfragen.
– Richtige Fragewörter verwenden, z.B. „womit" statt „mit was" oder „wozu" statt „zu was".
– Halten Sie Augenkontakt.
– Warten Sie nach Ihrer Frage etwas, damit sich alle die Antwort überlegen können.
– Geben Sie „schwächeren" Gruppenmitgliedern die Möglichkeit, zuerst zu antworten. Ist die Antwort teilweise richtig, so haben Sie die Möglichkeit, den Sachverhalt im Gespräch zu klären.

Das methodische Vorgehen des Erziehers bei der Beschäftigung ist immer gerichtet auf
– Veranschaulichung
– Erfassen
– Verstehen
– Begreifen

unter Berücksichtigung der individuellen Lernfähigkeiten

Lern- bzw. Vermittlungsstufen

Auf die Frage, wie am besten gelehrt und gelernt werden kann, hat der Psychologe HEINRICH ROTH eine allgemein anerkannte und durch die pädagogische Psychologie abgesicherte Einteilung in sechs aufeinanderfolgende Stufen vorgenommen. Sie darf jedoch nicht als strenge Gliederungsvorschrift mißverstanden werden, da die einzelnen Stufen oft ineinander übergehen.

Einteilung in sechs Stufen

1. Stufe der Lernmotivation
Wer lernen will, muß motiviert werden, sich mit dem Stoff (Thema) auseinanderzusetzen. Es geht darum, das Interesse des Lernenden zu wecken, ihn neugierig zu machen.

2. Stufe der Schwierigkeiten
Die Aneignung neuen Lernstoffes bietet in der Regel Schwierigkeiten, die sich nie gänzlich ausräumen lassen und auch nicht ganz ausgeräumt werden sollten.

3. Stufe der Einsicht
Werden die Schwierigkeiten überwunden, so wird das Neue (oft plötzlich) eingesehen und verstanden.

4. Stufe des Tuns
Das Eingesehene wird nur fester geistiger Besitz werden, wenn es in Handlung umgesetzt wird. Der Lernende muß sich aktiv mit dem Lernstoff auseinandersetzen, muß selbst etwas tun, durchführen.

5. Stufe des Übens
Das Tun des Lernenden geht in geplantes Üben oder Einprägen über und dient somit der Festigung des Gelernten.

6. Stufe des Bereitstellens
Das Geübte und dadurch Gelernte wird zur Lösung praktischer Aufgaben bereitgestellt.

Im Kindergarten ist die Zahl der Stufen meist kleiner. Bei der Aneignung von Fertigkeiten z. B. bestehen sie aus
Vorbereiten – Vormachen – Nachmachen – Üben.

1. Vorbereiten
Der Erzieher erzählt, was er vorhat, weckt Interesse, nimmt gegebenenfalls den Kindern die erste Befangenheit.

2. Vormachen
Der Erzieher macht die neue Fertigkeit vor, erklärt und erläutert. Die Kinder schauen zu.

3. Nachmachen
Die Kinder machen die ihnen vorgemachten Fertigkeiten nach. Der Erzieher beobachtet, verbessert und hilft.

4. Üben
Die Kinder üben die neue Fertigkeit, bis sie beherrscht wird. Der Erzieher kontrolliert.

Erfolgsgesetz des Lernens Nach dem Effektivitätsgesetz (Erfolgsgesetz) des Lernens wird dann besonders wirksam gelernt, wenn das Lernen zu einem Erfolg führt, der sich weiterhin positiv auf das Kind auswirkt. Durch die unmittelbare Verstärkung (Bekräftigung) wird das Gelernte gespeichert.

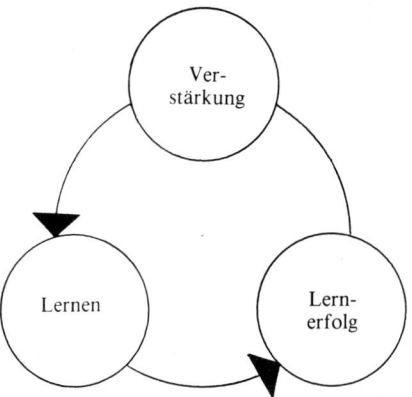

Lernerfolge stellen sich am ehesten ein, wenn in überschaubaren Lernschritten gelernt wird. Deshalb teilt der Erzieher den Lernstoff für die Beschäftigung in kleine Lernschritte auf, damit für den Lernenden Erfolgserlebnisse sofort nach dem Lernen erreichbar sind (siehe auch „Prinzipien zur Stützung von Lernvorgängen", S. 23: Teilschritte).

Medien

Im Sprachgebrauch werden unter der Sammelbezeichnung „Medien"
meist die technischen wie Film, Fernsehen, Radio und Zeitung verstanden; sie sind Mittel zur Übermittlung von Informationen, Nach-
richten und Botschaften.

In der Pädagogik verstehen wir unter Medien alle Hilfsmittel, die zur
Erreichung eines Lernziels eingesetzt werden. Sie dienen der Veranschaulichung und Vertiefung eines Lerninhaltes.

Hilfsmittel zur Erreichung von Lernzielen

Im Lernprozeß und Unterricht nehmen die personalen Medien (z. B.
das Erziehergespräch, der Lehrervortrag, das Rollenspiel) eine
besondere Rolle ein. Zur Unterstützung werden technische Medien
eingesetzt.

Für die gezielte Beschäftigung muß der Erzieher überlegen, welches
Medium für welchen Zweck (z. B. Darstellung, Verdeutlichung,
Wiederholung, Vorführung) geeignet ist.

Hauptkriterium für den Einsatz eines Mediums sollte stets die Überlegung sein, ob Kommunikation und Verständigung erleichtert werden. Die teuersten und besten technischen Medien helfen nichts,
wenn sie den Umgang zwischen Erzieher und Kindern (Jugendlichen)
nicht lebendiger machen. Medien sind kein Ersatz für den Erzieher.

Setzen Sie Medien ein, die zum Lernen motivieren, die Lerninhalte
anschaulich machen und Übertragungsmöglichkeiten schaffen.

Für die Beschäftigung lassen sich die Medien nach verschiedenen
Gesichtspunkten gliedern:

Welche Medien motivieren zum Lernen und Veran-schaulichen?

a) Medien als Demonstrationsmaterial

Bilderbücher, Bildtafeln, Filme, Dias, Video-Aufzeichnungen,
Magnet- und Flanelltafeln, größere Modelle, Spielmittel und Be-
schäftigungsmaterial, Kassetten, Schallplatten, Tonband.

b) Medien zur Erarbeitung und Vertiefung

Lernmittel erreichen eine besondere Steigerung durch ihre Um-
formung in Arbeitsmittel (z. B. Lotto, Domino, Quartett). So geht
z. B. von Lernspielen ein erhöhter Reiz aus; sei es durch die Selbstkontrolle des eigenen Könnens durch Übungsmittel oder durch kom-
binierte Reize wie Bilder, Kassetten, Anweisungen für Partner- oder
Gruppenarbeit.

c) Didaktische Medien

An didaktische Medien (z. B. Mengentrainer, Logische Blöcke, spezielle Spiel- und Lernmittel) werden besonders hohe Anforderungen gestellt. Sie müssen einen didaktischen Aufbau haben; d. h., sich klar am Lernziel orientieren und einzelne Lernschritte ermöglichen.

d) Medien für die Hand des Erziehers

Gemeint sind hier Informationsträger, die Hinweise zur Didaktik und Methodik des Lehrens und Lernens geben und dem Erzieher bei der Vorbereitung von Beschäftigungen helfen: Fachbücher, Rahmenpläne, Beihefte und Anleitungen zu benutzten Medien, Lehr- bzw. Beschäftigungsbeispiele.

optische und akustische Medien

Wir können auch eine Einteilung in optische und akustische Medien vornehmen:

1. Tafel

Ein bereits sehr altes Medium, das leider nicht immer entsprechend genutzt wird. Die Tafel hilft, Begriffe, Gedankengänge und Zusammenhänge zu skizzieren.

2. Overhead-Projektor (Lichtschreiber)

Schreibrollen und Einzelfolien, die auch farbige Darstellungen ermöglichen, erhöhen die Verständlichkeit.

3. Schaubilder

sind gekaufte oder vom Erzieher angefertigte Lernhilfen, die bestimmte Zusammenhänge und Verläufe wiedergeben. Anhand eines oder mehrerer Schaubilder kann ein ganzes Thema abgehandelt werden.

4. Flanelltafeln und Magnettafeln

Beide Veranschaulichungsflächen sind leicht zu handhaben. Die anzuheftenden Zeichen müssen vorbereitet werden. Die Flanelltafel ist transportabel; mit Sandpapier hinterlegte Bilder haften darauf.
Auf der Magnettafel kann der Erzieher Verläufe durch Verschieben magnetischer Symbole besser verdeutlichen.

5. Technische Medien

Kassettenrecorder, Dias, Schallplatten, Kurztonfilme und Video sollten eine Beschäftigung nicht ausfüllen, sondern, gezielt ausgewählt,

Informationen, Problemsituationen und Verläufe darstellen und wiedergeben.

Der Erzieher sollte mit technischen Medien recht sparsam umgehen, jedoch auf diese sehr plastische, z.T. auf Bewegung beruhende Veranschaulichung bei bestimmten Beschäftigungen nicht verzichten. Es wäre falsch, die Technik abzulehnen und zu verteufeln. Dafür sollte man die Energie besser darauf verwenden, die Technik zu beherrschen und die Chancen zu nutzen, die sie — sinnvoll und mit Vernunft eingesetzt — bietet.

Medien, die im Kindergarten eingesetzt werden, sollen nicht nur veranschaulichen, sondern auch zur Aktivität anregen.

Für den Erzieher stellt sich die Frage, durch welche Material-, Spiel- und Lernmittelangebote er in seinen Beschäftigungen einen möglichst breiten Raum für Selbstbetätigung bieten kann.

Spiel- und Lernmittelangebote für die Praxis

Nahezu keine Beschäftigung kommt ohne Medien aus. Sie fordern das Kind zum Handeln heraus und helfen ihm im wahrsten Sinne des Wortes, Zusammenhänge intensiver zu „begreifen".

Kindliche Aktivität äußert sich in Probieren, Experimentieren, Beobachten, Vergleichen, Wiederholen, Üben, Zusammenbauen, Auseinandernehmen, Befühlen, Betasten, Schmecken und Riechen.

Durch die konkrete Handhabung verschiedenster Gegenstände lernt das Kind seine Umwelt zunehmend besser kennen.

Bei der gezielten Förderung kann eine kleine, überschaubare Materialliste helfen, die sich an den Lernbereichen des Kindergartens orientiert:

Materialliste

Material zur Sozialerziehung:

Verkleidungskiste
Puppentheater
Arztkoffer
Bücher
Kasperlepuppen, Fingerpuppen, Handspieltiere
Kaufmannsladen, Kinderpost
Bild- und spezielles Lernmaterial (z.B. „Das Helferspiel")
Puppenstube mit Zubehör
Telefone
Autos aller Art
Pferdeleinen

Material zur Umwelt-, Sach- und Naturbegegnung:

Bilderbücher, Bildkarten, Schaubilder
Gesellschaftsspiele
Schallplatten und Kassetten mit verschiedenen Geräuschen (Martins-
horn, Schreibmaschine, Automotor usw.)
alle erdenklichen Gegenstände des Haushalts (Küchengeräte, Klingel,
Taschenlampe, Spiegel, Uhr usw.)
verschiedene Verschlüsse
Blumentöpfe, Dosen, Blumenkästen, Blumensamen
Lupen und Vergrößerungsgläser
verschiedene Gegenstände aus Holz, Metall und Plastik
Materialien zur Geräuscherzeugung
Magnete in Stab-, U-, V- und Hufeisenform
Aquarium, Terrarium, Herbarium, Tierkäfig (Meerschweinchen,
Goldhamster)
Glühbirnen, Batterien, Klingeldraht
Farben
Werkzeuge (z. B. Bohrer, Feilen, Hämmer, Schaufeln usw.)
Transistorradio
Fernglas
Mikroskope, Vergrößerungsgläser
Bausteine, Klötze, Knetmaterial
Verkehrskiste, Autos, Verkehrszeichen-Domino
Luftballons
Wäscheklammern, Zahnräder
alte Wecker, altes Radio, alte Telefonapparate
Meßbecher
Pflanzen (frische und getrocknete Blumen)
Blumensamen
Steine, Muscheln, Kastanien, Eicheln
Schwämme
Stoffreste
Zahnstocher
Zucker, Salz, Tee usw.

Material zur Spracherziehung (siehe auch Sozialerziehung)

Bilderbücher, Bildmaterial, Märchenbücher, Bilder-Spiele
Schreibmaschine, Telefon
Radio- oder Fernsehgehäuse
Kassettenrecorder, Plattenspieler, Schallplatten
Fotos, Dias, Illustrierte, Plakate, Zeichnungen
Verkleidungskiste
Magnetische Buchstaben, Buchstaben aus Karton

Material für den Umgang mit Mengen, Zahlen und Formen

Tierlotto, Märchenlotto
Memory
Puzzle (ca. 30 – 40 Teile)
Fingertip
Mosaik
Kubus und Scheiben
Fünfeckspiel
Lochbausteine
Formen-Domino
Scheibenpyramide
Formenspiele
Rosettenspiel
Knobelturm
Sortierkästen
Steckpuppe, Matrioschka-Puppe
Bunte Hartholzstecker
Kaleidoskop
Holzperlen, Kugeln, Würfel
Zählkästen
Farbenkreis
Walzenstecker, Gewichte, Feder-Waage, Tafel-Waage
Augen- und Farbenwürfel
Fotos, Dias
Kassettenrecorder, Tonband, Plattenspieler, Instrumente
spezielle Lernspiele (z. B. Mengentrainer)
geometrische Formen aus Plastik zum Zusammenfügen
Logische Blöcke

Material zur ästhetischen Erziehung

Farben-Domino
Buntstifte, Wachsstifte, Bleistifte, Pinsel, Fingerfarben
Knetmasse, Knetwachs
Plastilin, Ton
Glutofix, verschiedene Klebstoffe (Uhu, Tesaband, Leim)
verschiedene Papiersorten (z.B. Buntkarton, Kreppapier, Seiden-
papier, Glanzpapier, Transparentpapier)
Wolle, Bast, Stoffe
Metallfolien
Werkzeuge (Bohrer, Laubsägen, Scheren, Zangen usw.)
Naturmaterialien (Steine, Kastanien, Blätter, Äste usw.)
Stoffreste, Pelzreste, Knöpfe, Borten
Abfallprodukte des Haushalts (z.B. Blechdosen, Joghurtbecher,
Kronkorken, Kartons, Tüten, Kataloge usw.)
Strohhalme, Pfeifenreiniger
Styropor, Pappmaché, Toilettenpapier
Luftballons

Material zur Musik- und Bewegungserziehung

Schallplatten und Kassetten mit Liedern und Tänzen für Kinder
Triangeln, Schellen
Trommeln, Handtrommeln
Cymbeln
Blockflöten
Orffinstrumentarium, Montessori-Geräuschbüchsen
Becken
Schellenkranz
Xylophon
Glocken
Metallophon
Kugelrassel
Klingende Stäbe
selbstgebastelte Musikinstrumente aus:
Joghurtbechern (Rasseln), Tassen, Gläsern und Flaschen, Dosen,
Zigarrenkisten, Waschmittelkartons, Blumentöpfen, Kokosschalen,
Kochtöpfen usw.

Material zur Verkehrserziehung

Verkehrskiste, -teppich, -zeichen, -kasperle
Verkehrszeichen-Domino
Modellautos
Schallplatten oder Kassetten mit Verkehrsgeräuschen
Dias, Filme, Schautafeln
Roller
Kinderfahrrad, Kettcar

(Die Materiallisten lassen sich natürlich beliebig erweitern.)

Lernzielkontrolle

In der sozialpädagogischen Arbeit bedeutet Lernzielkontrolle nicht etwa Benotung wie in der Schule; vielmehr soll sie Informationen darüber geben, inwieweit die gesetzten Ziele und angebotenen Inhalte von den Lernenden verstanden und verarbeitet wurden.

Das Ergebnis von Lernzielkontrollen kann nur das erwartete Endverhalten des Kindes sein. Nicht bei allen Lerninhalten ist eine objektive Kontrolle gegeben. So lassen sich in einer Beschäftigung erworbene Kenntnisse, Wissen und Einstellungen überprüfen; Änderungen des Sozialverhaltens können in einer Beschäftigung nur schwer festgestellt und bewertet werden, zumal sie in ihrer Wirkung langfristiger angelegt sind. *Lernzielkontrolle bedeutet erwartetes Endverhalten*

Stimmungen und Gefühle, die das soziale Klima und das Leistungsverhalten in der Lerngruppe mitbestimmen, sind nicht objektiv feststellbar und nicht meßbar. Sie können nur als persönliche Eindrücke des Erziehers in der Auswertung der einzelnen Beschäftigung wiedergegeben werden.

Lernzielkontrollen lassen sich mündlich, schriftlich und praktisch vornehmen. Der Erzieher erhält dabei stets Informationen aus zweierlei Sicht:

1. Einerseits handelt es sich um eine Prüfung der Ergebnisse in Form der Erfolgskontrolle; sie sagt etwas darüber aus, wie erfolgreich die Bemühungen des Erziehers waren.

2. Andererseits geht es um die Überprüfung des Verfahrens, das Auskünfte gibt, wie es der Erzieher besser machen könnte.

Um zu wissen, ob Sie Ihre gesetzten Lernziele erreicht haben und diese von den Lernenden – hier Kindern – verstanden wurden, bedienen Sie sich der Beobachtung und des Gesprächs.

Aufschlüsse über den Lernerfolg erhalten Sie z. B. durch

praktische Möglichkeiten, Lernerfolge zu überprüfen

- gezielte Fragen am Ende einer Beschäftigung (im Kindergarten bitte nicht in schulischer Form des Abfragens),
- Arbeitsergebnisse (Aussagekraft, Vollständigkeit des gebastelten Gegenstandes, gemalten Bildes usw.),
- Äußerungen und Wortbeiträge der Kinder,
- neue Lösungen, die während der Beschäftigung von Kindern gefunden werden,
- Anwendung früher erworbener Kenntnisse während der Übung (Transfer),
- die wendige Handhabung des (bisher nicht benutzten) Materials und der Werkzeuge,
- gezeigte Ausdauer bei der Fertigstellung einer Arbeit oder Beteiligung am Gespräch,
- gezeigtes Engagement,
- Aufnahmebereitschaft und Kontaktfähigkeit bei der Beschäftigung.

Der Lernerfolg hängt entscheidend davon ab, ob sich das Kind mit dem Lerngegenstand in angemessener Weise auseinandersetzt. Um dies zu erreichen, müssen Sie dem Kind den Gegenstand, den es lernen und begreifen soll, in einer Weise nahebringen, durch die es sich wirklich angesprochen fühlt.

4. Lernorganisation im Überblick

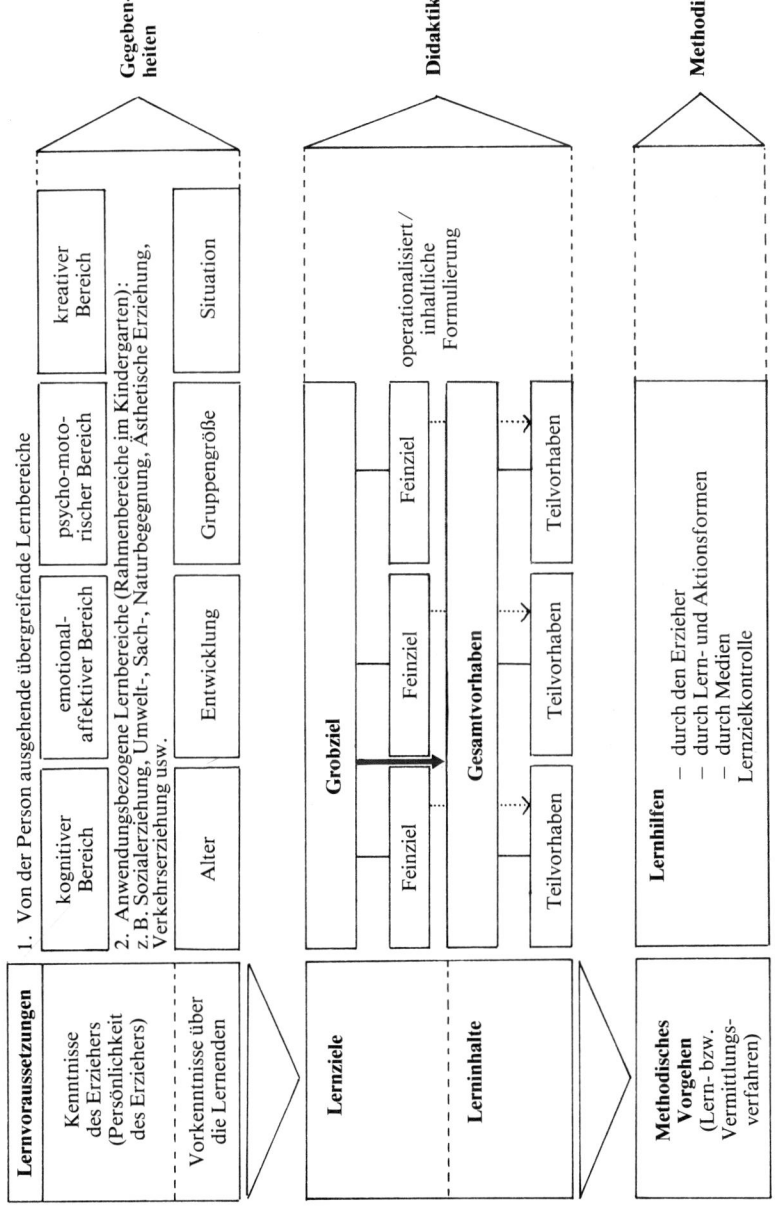

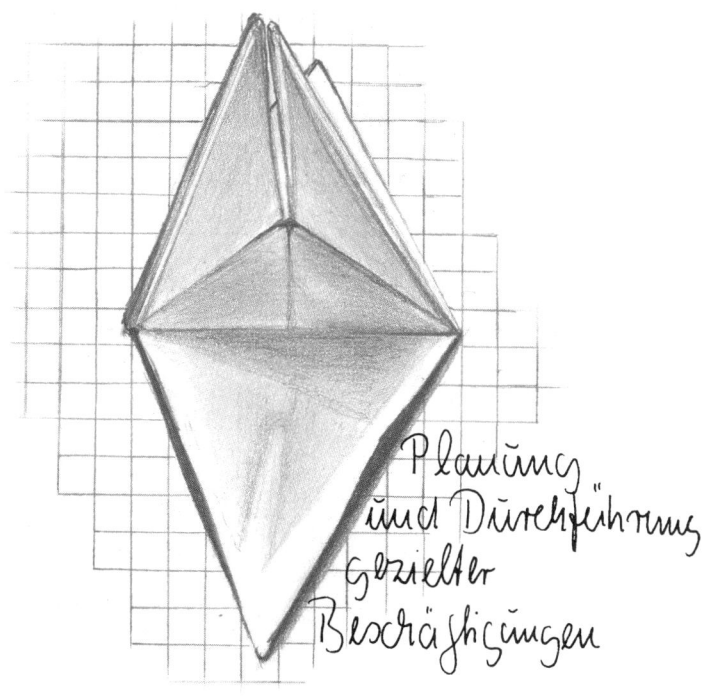

Planung
und Durchführung
gezielter
Beschäftigungen

Für das planmäßige Aufstellen gezielter Beschäftigungen gibt es regional unterschiedliche Bezeichnungen. Entweder wird von der „Vorbesinnung" oder von der „Didaktischen Analyse" gesprochen. Durch die genaue und ausführliche Planung der gezielten Beschäftigung (z. T. wird sie auch „methodische Übung" oder „zielgerichtete Förderung" genannt) gewinnt der Erzieher zunehmend an Sicherheit bei der Vermittlung seiner Lernangebote.

Während der Erzieher-Ausbildung ist es wichtig, sich intensiv mit ausführlicher Planung auseinanderzusetzen. Der praxiserfahrene Erzieher wird auf kurzgefaßte Aufzeichnungen und Notizen zurückgreifen.

Jeder gezielten Beschäftigung muß eine detaillierte, rationale Planung vorangehen, die sich in mehreren Schritten vollzieht. Im

weitesten Sinn ist der Planungsrahmen für den Erzieher durch Lern- Planungs-
bereiche, Wochen-, Monats- und Jahrespläne grob abgesteckt, wobei rahmen nicht
sie nicht als starre Schemata aufzufassen sind, sondern als variable als starres
und zu modifizierende Faktoren, die die Lernfortschritte im geplan- Schema
ten Verlauf mitsteuern. Der Erzieher ist hier in seiner Arbeit wesent- auffassen
lich freier als der Lehrer, der stärker an Richtlinien, Lehr- und Stoff-
verteilungspläne gebunden ist.

Wenn Sie Lernprozesse auslösen und erfolgreich beenden wollen,
sind Sie auf eine planvolle Vorbereitung und Steuerung von Aktivitäten angewiesen. Im Kindergarten haben Sie die Möglichkeit, situativ
sich anbietende Gelegenheiten und spontane Bedürfnisse sinnvoll mit
einzuarbeiten (situationsbezogener Ansatz).

Der Bauhaus-Architekt Gropius bezeichnete Planung nicht als Fest- Planung
legen, sondern als Offenhalten für die Zukunft. Sie befreit somit von befreit vom
dem Angewiesensein auf Zufälle und von den Zwängen des Augen- Angewiesen-
blicks. Eine richtige Planung engt nicht ein und macht auch nicht sein auf
unfrei. Zufälle!

Bei der Planung und Durchführung gezielter Beschäftigungen muß
der Erzieher

- das Modell der Lernorganisation umsetzen und übertragen
  können,
- die Gruppe, mit der er zusammenarbeitet, beobachten und er-
  zieherische Einwirkungsmöglichkeiten ermitteln,
- Materialien, Hilfsmittel und Medien auswählen und beurteilen
  können,
- Bereitschaft zum Gespräch, zur Einsicht und zur Selbstkritik
  besitzen,
- eigenes Erzieherverhalten beobachten, analysieren, begründen
  und gegebenenfalls ändern können.

Die Durchführung einer gezielten Beschäftigung ist auch mit Bedingungen verbunden, die der Erzieher in sich selbst trägt. Hierzu
gehören

- augenblickliche Grundstimmung und Einflüsse auf seine Person,
- eventuelle Hemmungen und/oder Kontakt-Ängste,
- Temperament,
- Neigungen und Fähigkeiten.

Was will der Erzieher mit der Beschäftigung erreichen? Mit der gezielten Beschäftigung will der Erzieher erreichen, daß der Lernende

– eine positive Einstellung zum Lerngegenstand entwickelt,
– mehr weiß als vorher,
– eine Fertigkeit entwickelt, die er zuvor nicht besaß,
– etwas versteht, was er vorher nicht verstand,
– an Dingen Interesse findet, zu denen er vorher keine Beziehung hatte.

Die gezielte Beschäftigung als Regelkreis:

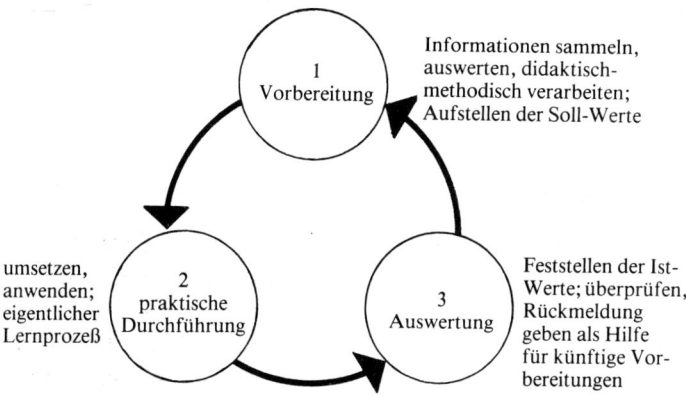

Erzieherpersönlichkeit Eigentlich müßte in diesem Regelkreis die Erzieherpersönlichkeit noch besonders herausgestellt werden, von der ein Beschäftigungserfolg entscheidend beeinflußt wird.

Ein kontaktarmer, vergrämter Erzieher wird z. B. weniger erfolgreich sein als ein gern mit Kindern umgehender Erzieher mit entsprechendem Selbstvertrauen und einer kontaktbereiten, freundlichen Grundstimmung.

Didaktische Analyse

Keine gezielte Beschäftigung kann zulänglich begründet und pädagogisch ergiebig gestaltet werden, ohne daß der Erzieher sein beabsichtigtes Thema auf seine Stellung im Zusammenhang des betreffenden Lernbereichs, auf seinen Bildungssinn und seinen Bezug zur jeweiligen kindlichen Geisteslage durchdacht hat.

Die didaktische Analyse ist der Kern der Beschäftigungsvorbereitung. Durch sie kann der Erzieher alle am Beschäftigungsgeschehen beteiligten Faktoren kontrollieren und sein Vorgehen vernünftig planen.
Die didaktische Analyse umfaßt folgende Gesichtspunkte:

1. Zeit bzw. Stellung im Tageslauf
2. Dauer der Beschäftigung
3. Angaben zur Gruppe
4. Raumgestaltung und Raumskizze
5. Thema
6. Aufgabe
7. Lernziele
8. Vorbereitung a) zu Hause, b) im Kindergarten
9. Material
10. Geplanter Verlauf (methodisches Vorgehen)
    a) Einstieg
    b) Hauptteil
    c) Schluß
11. Literaturangabe
12. Reflexion

1. Zeit bzw. Stellung im Tageslauf

Die gezielte Beschäftigung sollte nicht nur in einer festgelegten Zeit, sondern auch zur passenden Zeit durchgeführt werden; insbesondere dann, wenn die Gruppe oder das einzelne Kind sie braucht.
Die gezielte Beschäftigung kann nach der Freispielzeit liegen oder auch nach der Gesamtförderung im Morgenkreis stattfinden – falls ein solcher im Kindergarten durchgeführt wird.
Da Aggressionen oder Unruhe einzelner Kinder nicht selten die Folge unterdrückter Bewegungsbedürfnisse sind, sollten sie vor der Durchführung der Beschäftigung genügend Zeit erhalten, um zu toben und ihre überschüssigen Kräfte abzureagieren.

2. Dauer der Beschäftigung

Sie ist abhängig von den jeweiligen Inhalten, dem Alter, dem Entwicklungsstand und der augenblicklichen Leistungsfähigkeit der Kinder, der besonderen Situation des Tages, dem Wetter, der Jahreszeit und nicht zuletzt von der Fähigkeit des Erziehers. Je älter die Kinder sind und je länger sie den Kindergarten bereits besuchen, desto länger kann die durchschnittliche Dauer der gezielten Beschäftigung sein.
Als Richtwert lassen sich 15 – 45 Minuten nennen.
Besonders die 5- bis 6jährigen Kinder brauchen die weiterführende

Beschäftigung, während sie bei den 3- bis 4jährigen Kindern sparsamer durchzuführen ist.

Mit zunehmendem Alter der Lernenden können Lernprozesse gemeinsam geplant werden (z. B. im Hort). Wenn schon Mündigkeit und Selbständigkeit das anzustrebende Erziehungsziel sind, so bietet sich hier ein erster konkreter Ansatz unmittelbarer Mitbestimmung.

3. Angaben zur Gruppe

Informieren Sie sich über die Gruppe; lernen Sie die Kinder kennen. Wenn Sie noch nicht auf eigene Beobachtungen zurückgreifen können, sprechen Sie mit der Gruppenleitung.

Bei der Auswahl der Kinder für die Beschäftigung müssen die Gegebenheiten der Einrichtung berücksichtigt werden.

Lernvoraussetzungen Die Lernvoraussetzungen der Gruppe sind:
- Anzahl der Teilnehmer,
- Alter und Geschlecht der Teilnehmer,
- bereits vorhandene Kenntnisse bzw. entwickelte Fähigkeiten im Hinblick auf die geplante Beschäftigung (Sind themenbezogene Förderungen vorausgegangen?),
- Besonderheiten in der Gruppe (z. B. vorwiegend neue Kinder).

4. Raumgestaltung und Raumskizze

Lernen ist nicht nur ein Vorgang des Denkens, des reinen Verstandes. Auch die emotional-affektive Seite ist maßgeblich an Lernvorgängen beteiligt. Die räumlichen Verhältnisse (Lernumwelt) verdienen deshalb bei Ihrer Planung besondere Beachtung. Eine angenehme Atmosphäre wird mitbestimmt durch die Raumgestaltung, Beleuchtung, Belüftung, die Anordnung der Sitzgelegenheiten und durch ein freundliches Klima.

Bitte überlegen Sie:
- Ist der Raum groß genug/zu klein für mein Vorhaben?
- Kann die Gruppe in mehrere Untergruppen aufgeteilt werden?
- Müssen Veränderungen vorgenommen werden (Tische, Stühle, Stellwände)?

Passen Sie die Gruppenstärke der Größe des Raumes an. Wählen Sie einen für Ihr Vorhaben zweckmäßigen Raum. Begründen Sie die Wahl Ihrer Sitzordnung und fertigen Sie eine Raumskizze an.

Raumskizze mit geplanter Sitzordnung (Kinder/Erzieher)

Gespräch im Stuhlkreis

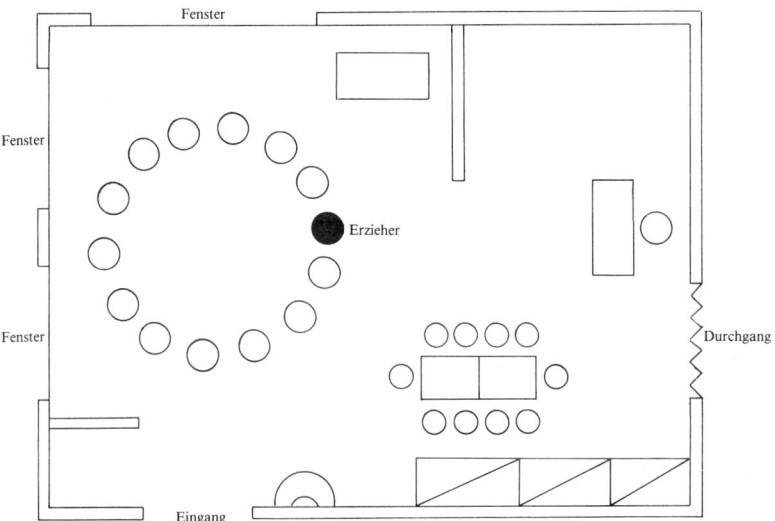

5. Thema

Bei der Planung gezielter Beschäftigungen können wir nicht nur die einzelne Übung für sich sehen, sondern müssen sie als Bestandteil eines bzw. mehrerer Lernbereiche verstehen, die sich über einen längeren Zeitraum erstrecken.

Die einzelnen Beschäftigungen sollten deshalb in die anwendungsbezogenen Lernbereiche (Rahmenbereiche) hineinpassen. Da sich dieser Grundsatz nicht immer einhalten läßt – es gibt häufig Überschneidungen –, muß der Erzieher besonders auf die schwerpunktmäßige Einhaltung des Gesamtplanes achten.

In der didaktischen Analyse wird das Thema inhaltlich erläutert und näher beschrieben; zum Beispiel:
Thema „Obst im Herbst"

Die didaktische Analyse stellt auch stets die Frage nach dem Sinn des
Themas:

1. Welche Bedeutung hat der Inhalt für die Kinder? Worin liegt die
   Bedeutung des Themas für die Zukunft der Kinder?
2. Wie wird die Wahl des Themas begründet (z. B. jahreszeitlich
   bedingt)?
3. Wofür soll das Thema exemplarisch, typisch oder repräsentativ
   sein?
4. Ist das geplante Thema (oder sind Teile davon) den Kindern bekannt? Spielt es eine lebendige Rolle im Leben der Kinder?

Das Thema der Beschäftigung muß vom Erzieher abgegrenzt und
durchdrungen werden (Sachanalyse); Informationen müssen zusam-
mengetragen und ausgewertet werden. Das Sachwissen über das zu
vermittelnde Thema bringt der Erzieher durch bisherige Erfahrungen
mit ein oder eignet es sich durch Bücher, Lexika und andere Informationsträger an (siehe S. 78 ff: „Anfertigung der schriftlichen Ausarbeitung"). Dabei genügt es nicht zu wissen, „was" man vermitteln
will, sondern auch „wie" das Wissen an die Kinder herangebracht
werden soll. Ebenso muß an die Lebenssituation der Kinder gedacht
werden (siehe S. 25 ff: „Lernorganisation").

Aus der Fülle an Sachinformationen, die es zu einem Thema (z. B.
„Herbst") gibt, müssen einige schwerpunktmäßig (exemplarisch) her-
ausgezogen und vertieft werden. Hierbei ist nicht nur die sachlich
richtige Darstellung von erheblicher Bedeutung, sondern auch die
Benennung und Erläuterung durch den Erzieher.

Fragen Sie sich auch einmal, wie Ihre innere Einstellung zu dem
Thema ist, das Sie an die Kinder herantragen wollen.

6. Aufgabe

Aus dem Gesamtthema entsteht die Aufgabe oder das Angebot für
die gezielte Beschäftigung.
Unser Beispiel war:
Obst im Herbst (Thema)
Herstellung eines Obstsalates (Aufgabe)
Die Wahl der Aufgabe muß begründet werden (z. B.: Der Schwierig-
keitsgrad ist dem Alter, dem Entwicklungsstand und dem Interesse
der Kinder angepaßt).

7. Lernziele

Die Lernziele werden vom Erzieher gesetzt. Dabei müssen sich die Grobziele an den anwendungsbezogenen Lernbereichen (Rahmenbereichen im Kindergarten) orientieren.

Aus den Grobzielen leiten Sie die Feinziele ab, wobei Sie wissen: „Je genauer ich meine Feinziele formuliere, um so größer ist die Wahrscheinlichkeit, daß meine Beschäftigung erfolgreich verläuft." Setzen Sie sich für eine Beschäftigung nicht zu viele Feinziele. Denken Sie daran, daß der zeitlich gesteckte Rahmen zur Erreichung der Ziele nicht ausreichen kann und die Kinder überfordert werden. Hier ein Beispiel aus der Bewegungserziehung:

genaue Formulierung der Feinziele

Grobziel
Das Kind führt die ihm gemäßen Grundbewegungsarten aus.

Feinziele
Das Kind
- kann sich in aufrechter Haltung fortbewegen, indem es geht, läuft, hüpft, springt, sich dreht und steigt.
- kann sich am Boden fortbewegen durch Rutschen, Krabbeln, Kriechen, Robben, Rollen.
- gebraucht die Hände und Füße gleichzeitig und unabhängig voneinander, indem es tastet, greift, wirft, fängt, sich abstützt.
- kann das Körpergewicht verlagern, mit Gegenständen balancieren und Schwungbewegungen ausführen.

8. Vorbereitung

a) zu Hause
Die geplante Beschäftigung
- gründlich durchdenken,
- gründlich beschreiben,
- möglichst selber ausprobieren,
- methodisch richtigen Ablauf aufbauen,
- Zubehör rechtzeitig besorgen bzw. anfertigen,
- mit der Gruppenleitung über Teilnehmer, Raum, Platz und Zeit sprechen.

b) im Kindergarten
- Stühle und Tische rechtzeitig bereitstellen.
- Findet die Beschäftigung an Tischen statt, so müssen die Arbeits-flächen überschaubar sein.
- Die Arbeitsflächen müssen mit einer abwaschbaren Oberfläche versehen sein bzw. je nach Vorhaben mit Wachsdecken oder Zeitungspapier abgedeckt werden.
- Beugen Sie möglichen Gefahren vor, indem Sie nur intaktes Werkzeug einsetzen. Beim Umgang mit Kerzen z. B. müssen ein Wassereimer und eine Wolldecke greifbar plaziert sein.
- Vor der Durchführung die Kinder austoben lassen, sie dann zur Ruhe führen und gegebenenfalls dabei sinnvolle Hilfe bieten.
- Eventuell vorher Hände waschen, Schürzen umbinden und Ärmel aufkrempeln (besonders beim Umgang mit Farben und Klebstoff, beim Backen eines Kuchens usw.).
- Vor der Durchführung gezielter Beschäftigungen außerhalb des Kindergartens sind die Eltern der Kinder rechtzeitig zu informieren (gegebenenfalls Hinweise geben auf Geld für Busfahrt, spezielle Kleidung, Ankunftszeit).
Am Tag der Durchführung: Vor dem Losgehen Kinder zur Toilette schicken; jedem Kind Zettel mit Anschrift/Telefonnummer des Kindergartens mitgeben; vor dem Losgehen Teilnehmerzahl überprüfen.

9. Material

Gleichgültig, welche Materialien, Medien, Werkzeuge und Hilfsmittel Sie als Erzieher auch einsetzen, sie sollten auf ihre Bedeutung für die Realisierung Ihrer Ziele hin überprüft werden.

Anreize bieten Wählen Sie Materialien, die Kinder ansprechen, die auf Kinder starke Anreize zur Äußerung ausüben und einen Aufforderungscharakter zum Handeln besitzen.

Durch den Umgang mit verschiedenen Materialien und Medien macht das Kind wichtige Sacherfahrungen. (Ein umfangreiches Spiel- und Lernmittelangebot finden Sie in: Thiesen, Arbeitsbuch Spiel. München 1984).

Wir unterscheiden:
a) Material (Arbeitsmaterial): z. B. Papier, Karton.
b) Medien: z. B. selbst angefertigtes Anschauungsmaterial wie Bildtafeln, Schauobjekt; technische Geräte wie Dia-Projektor und Kassettenrecorder.
c) Werkzeuge (Arbeitsgeräte): z. B. Schere, Messer, Pinsel.
d) Hilfsmittel: z. B. Kittel, Schürze, Wachsdecke, Unterlagen.

Was ist bei der Materialvorbereitung zu beachten?
- Materialien, die Sie einsetzen, müssen für die Kinder leicht zu bearbeiten und in genügender Menge vorhanden sein.
- Wenn Sie bestimmte Materialien erstmals einsetzen, müssen Sie überprüfen, ob sich das Material für die beabsichtigte Technik eignet und von den Kindern bewältigt werden kann.
- Das Material muß übersichtlich auf dem Tisch ausgebreitet sein, damit dem Kind die Auswahl und eine selbständige Versorgung erleichtert werden (z. B. durch Einsatz von Materialschalen).
- Material sollte immer wiederholt angeboten werden. So lassen sich Erfahrungen ausbauen und festigen (Übungsprinzip).
- Werkzeuge und Arbeitsgeräte müssen auf ihre Funktionsfähigkeit und Brauchbarkeit überprüft werden. Probieren Sie die Geräte aus.
- Technische Medien müssen Sie vor dem Einsatz auf ihre Funktionsfähigkeit hin prüfen. Die Kinder sind enttäuscht, wenn aus der angekündigten Dia-Schau nichts werden kann, weil Sie womöglich versäumt haben, die defekte Projektionslampe auszuwechseln.

Anregungen für die Materialvorbereitung

10. Geplanter Verlauf (methodisches Vorgehen)

a) Einstieg

Wie soll die gezielte Beschäftigung begonnen werden? Wie werden die Kinder motiviert?
Methoden zum Einstieg:
- Kindern mitteilen, worum es gehen soll; Informationen zum Thema geben, den zu behandelnden Bereich kurz erläutern, die Richtung anzeigen.

Einstiegsmotivation

- Neugier wecken und Fragen stellen.
- Motivieren und Hinführen, z. B. durch das Experimentieren mit einem neuen Material vor der eigentlichen Beschäftigung; durch das Hinstellen fertiger Produkte; durch ein Rätsel.

Bei der Durchführung einer gezielten Beschäftigung ist es immer sehr hilfreich, wenn der zu behandelnde Bereich mit einigen Worten vom Erzieher umrissen wird, z. B.: „Heute wollen wir einmal sehen, wie die Menschen auf einem Bauernhof leben und arbeiten." Diese gedankliche Lenkung soll nicht etwa „gängeln", sondern den Kindern zu erkennen geben, wo der Erzieher hin will. Sie werden somit immer auf den „roten Faden" zurückgeführt.

b) Hauptteil

Im Hauptteil wird der chronologische Aufbau und Ablauf des Vorganges vom Erzieher beschrieben; d. h., es muß genau nachvollziehbar sein, was Sie nacheinander tun und in Gang setzen, um die aus den Lernzielen entwickelten Inhalte und Aufgaben an die Kinder heranzubringen. Auch der methodische Weg und der Einsatz der Materialien und Medien wird an dieser Stelle beschrieben.

Methoden zur Information, Erarbeitung und Vertiefung (siehe auch S. 25 ff: „Lernorganisation"):

Methoden zur Information

- Erziehervortrag (Darbietung durch den Erzieher)
- Erarbeitendes Gespräch
- Allein- bzw. Einzelarbeit
- Partnerarbeit
- Gruppenarbeit
- Spiel

Mischformen sind möglich.

Methodenwechsel erhöht die Motivation; die Vorgehensweise muß den Kindern jedoch klargemacht werden.

c) Schluß

Wie wird die Beschäftigung beendet?

zum harmonischen Schluß führen

Der Erzieher sollte die Beschäftigung zu einem harmonischen Schluß führen. Bei Beschäftigungen, die vorwiegend durch Einzelarbeit geprägt sind, kann das abschließende Gespräch für einen guten Ausklang sorgen.

Der Schluß kann Erkenntnisse, die in der Beschäftigung gesammelt wurden, vertiefen.

Methoden der Lernzielkontrolle:

– Zusammenfassungen durch den Erzieher bei Beschäftigungen, die sich vorwiegend im kognitiven Lernbereich bewegen.
– Bei Bastelbeschäftigungen z. B. eignet sich eine abschließende Betrachtung der fertigen Ergebnisse.

Bei den meisten Beschäftigungen müssen noch Nacharbeiten wie z. B. das Aufräumen erledigt werden; der Erzieher muß entscheiden und begründen, ob er die Nacharbeiten allein, mit einigen Kindern oder mit der Gesamtgruppe durchführen will.   Nacharbeiten

11. Literaturangabe

Führen Sie grundsätzlich alle Bücher auf, die Sie für die Vorbereitung Ihrer Beschäftigung benutzt haben. Für eine weitergehende Beschäftigung mit dem von Ihnen behandelten Thema können die Literaturangaben sehr nützlich sein.

Folgende Angaben sind wichtig: Verfasser bzw. Herausgeber, Titel (evtl. Untertitel), Verlag, Erscheinungsort, Erscheinungsjahr und Auflage.

12. Reflexion

Nach der Durchführung erfolgt die Reflexion bzw. Auswertung der Beschäftigung. Dabei geht es u. a.   Auswertung

– um die besondere Situation während der Beschäftigung,
– um Abweichungen vom eigentlichen Verlauf der Beschäftigung,
– um das Erzieherverhalten,
– um die Frage, was der Erzieher in einer ähnlichen Beschäftigung unter ähnlichen Bedingungen anders machen würde.
  (Ausführliche Angaben hierzu finden Sie im Kapitel „Auswertung gezielter Beschäftigungen", S. 70ff).

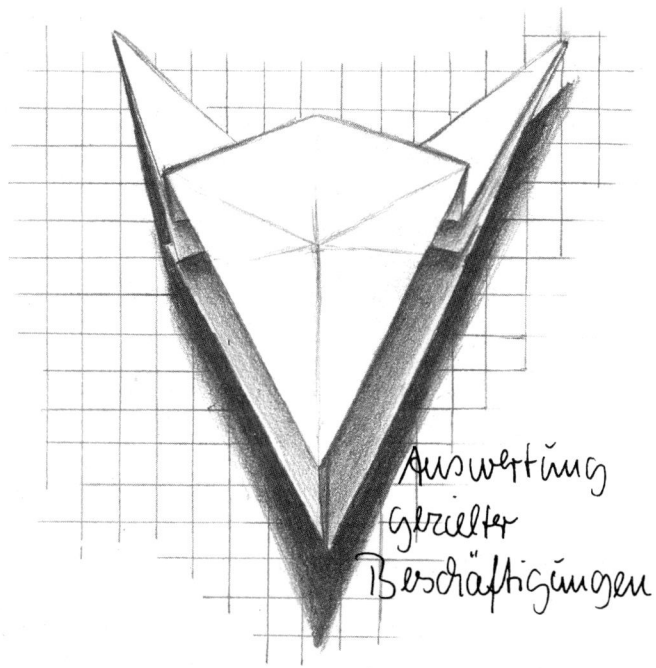

Auswertung
gezielter
Beschäftigungen

Nach der Durchführung einer gezielten Beschäftigung wird sich der Erzieher fragen müssen, ob die von ihm gesetzten Ziele erreicht wurden, die gewählten Inhalte den Bedürfnissen der Kinder entsprachen, ob das Vorgehen in nachvollziehbare Schritte aufgegliedert war und welches Verhältnis zwischen Erzieher und Kindern bestand.

Während der Durchführung Ihrer Beschäftigung stehen Sie handelnd mitten im Geschehen. Dabei beobachten Sie auch das Verhalten der Kinder.

Nicht selten sind Verhaltensauffälligkeiten und Reaktionen, die Sie bei den Kindern feststellen, Folgewirkungen Ihres eigenen Erzieherverhaltens. Aus diesem Grund sind Sie gefordert, Ihr Verhalten in pädagogischen Situationen stets selbstkritisch zu überprüfen und gegebenenfalls zu ändern.

Welche Auskünfte gibt die Selbstbeobachtung?
Die Selbstbeobachtung gibt Ihnen erste Informationen:
– Wie ist meine innere Einstellung zu dem Thema, das ich an die Kinder heranbrachte?
– Höre ich geduldig zu?

- Neige ich dazu, Kinder durch zu schnelle Äußerungen von mir wegzudrängen?
- Bin ich zu dominant?
- Bringe ich mehr Verbaläußerungen ein als die Kinder? Warum?
- Setze ich genügend Verstärkungen ein (Lob, Bekräftigung, Anerkennung, Zuwendung)?
- Bevorzuge ich bestimmte Kinder während der Beschäftigung? Welche? Warum?
- Bin ich mehr am Vermitteln von Informationen oder mehr am Einhalten der Disziplin interessiert gewesen?

Das Auswertungsgespräch mit Kollegen, Anleitern und Dozenten während der Ausbildung gewährleistet eine noch bessere Selbstkontrolle als die Selbstbeobachtung. Der Berufsanfänger lernt so Verhaltensmöglichkeiten besser kennen, wird sich seines eigenen Sprachverhaltens und methodischen Vorgehens bewußter und erweitert sein aktives Verhaltensrepertoire als Erzieher.

Wichtig für den Durchführenden ist eine ehrliche Rückmeldung. Ist Rückmeldung die Beobachtergruppe völlig kritiklos oder mag sie ihm nicht weh tun, dann findet sie die Beschäftigung „ganz toll". Das stimmt nicht und nützt auch niemandem.

Bei jeder Beschäftigung werden wir Dinge beobachten können, die nicht mit den eigenen Vorstellungen von einer effektiven Beschäftigung übereinstimmen. Solche Beobachtungen sind unvermeidlich. Die Auswertung einer gezielten Beschäftigung soll dem Praktikanten nicht den Mut und die Lust nehmen, sondern ihm helfen, es das nächste Mal anders bzw. besser zu machen. Niemand läßt sich gern seine Schwächen vorhalten. Versuchen wir objektiv und milde zu sein, ohne dabei berechtigte Mängel aus falsch verstandener Solidarität zuzudecken. Die Beobachtergruppe, die auf ihre Aufgabe vorbereitet wurde, hilft mit sachlicher Kritik. sachliche An dieser Stelle noch ein Wort zum Beobachter-Verhalten während Kritik der Beschäftigung: Die Beobachter müssen sich bei der Durchführung ruhig verhalten und so sitzen, daß der Ablauf der Beschäftigung nicht gestört wird. Zwiegespräche verunsichern den Durchführenden und lenken die Lernenden ab. Wichtig ist auch, daß jeder Beobachter ein gutes Sichtfeld hat, um die Mimik, Gestik und Körperbewegungen des agierenden Kollegen beobachten zu können.

Beobachtungs- und Beurteilungskriterien

Beobachtungs- und Beurteilungskriterien erfassen mehr oder weniger umfangreich eine Vielzahl von einzelnen Gesichtspunkten des Gesamtgeschehens einer Beschäftigung. Es kann erforderlich sein, auch hier nicht genannte Kriterien zur Grundlage eines Auswertungsgesprächs zu machen.

Natürlich können Sie auch nicht alle der im folgenden Kriterienkatalog genannten Beobachtungspunkte während einer Beschäftigung kontrollierbar abstellen oder verändern. Um Probleme und Fehler einzuschränken oder auszuschalten, ist es jedoch wichtig, sie zu kennen und genau zu bestimmen. Wenn Sie dies erst einmal erreicht haben, können Sie künftig besser Entscheidungen über angemessene Maßnahmen treffen.

Fehler ausschalten

Der Sinn der Kriterienliste wäre gänzlich verfehlt, wenn sie im Sinne des „Abhakverfahrens" rein mechanisch benutzt würde. Der einzelne Studierende als Beobachter steht zu Beginn dem Geschehen kaum in gleichbleibender distanzierter Weise gegenüber, auch wenn die gleichzeitige Anwesenheit mehrerer Beobachter die Objektivität der Rückmeldung in der Regel erhöht. Beobachtungs- und Beurteilungskriterien bereiten die Beobachter auf ihre Aufgabe vor, fördern die Aufnahme- und Beobachtungsfähigkeit und sind eine Hilfe, qualifiziert Rückmeldungen zu geben.

Kriterienkatalog

Der Kriterienkatalog umfaßt:
1. Lösung der didaktischen Aufgabe.
2. Pädagogisches Verhalten.
3. Methodisches Vorgehen.
4. Zusammenfassende Beurteilungskriterien.

1. Lösung der didaktischen Aufgabe

a) Zur Zielangabe:

Wurden die Ziele richtig gesetzt?
Ließ die Zielsetzung eine pädagogische Absicht erkennen?
War die Zielsetzung dem Entwicklungsstand der Kinder angemessen?

Wurden die angestrebten Ziele voll erreicht im Hinblick auf
1) Gruppe   2) Thema   3) Methode?
Gab es begründete/unerkannte Abweichungen?
In welchem Umfang wurden Lernziele operationalisiert?
Wurden die angegebenen Lern- und Verhaltensziele in den verschiedenen Lernbereichen erreicht?

b) Zum Inhalt:

Entsprach er
– den Bedürfnissen der Kinder,
– den Interessen der Altersstufe,
– dem Entwicklungsstand,
– der Gruppensituation,
– den umrahmenden Vorhaben (Wochenplan),
– der Jahreszeit?
Unterstützte er die Arbeit in bezug auf das erstrebte Gesamterziehungsziel? Wurde bei der Auswahl der Inhalte der gesamte Lernbereich berücksichtigt?
Zeigte er in der Auswahl Originalität?
War er sachgerecht begrenzt nach Zeit und Ausmaß?

c) Zur Vorbereitung:

Wurden die theoretischen und praktischen Vorbereitungen durchdacht?
War die Vorbereitung
– gründlich,   – unvollständig,
– oberflächlich,   – rechtzeitig,
– umfassend,   – zu spät?
Wurden die Kinder berechtigterweise einbezogen?

2. Pädagogisches Verhalten

Wodurch war das Erzieher-Kind-Verhältnis gekennzeichnet?   Erzieher-Kind-
Welcher Erziehungsstil wurde gewählt?   Verhältnis
Wirkte der Erzieher
– kontaktfreudig,   – kontaktarm,
– kontaktbereit,   – distanziert?
– reserviert,

73

Wie war die Haltung des Erziehers (z. B. gerecht, freundlich, verständnisvoll, originell, anregend, optimistisch)?
Entwickelte er Umsicht?
Beobachtete er intensiv; gewann er Übersicht?
Wurde die Gruppensituation vom Erzieher überblickt und aufgegriffen?
Schenkte er allen Kindern Beachtung, vernachlässigte er einige, wurden andere zu stark beachtet?
Wurde absichtlich etwas übersehen – bewußt/unbewußt?

Sprechweise Waren die Sprache und Sprechweise

– deutlich/undeutlich,	– humorvoll,
– stockend/fließend,	– natürlich,
– lebendig/monoton,	– zu laut/zu leise/zu schnell?

Bestanden sprachliche Fehler?

Sprachniveau War das Sprach- und Erklärungsniveau

– kindgemäß,	– kindisch,
– kindlich,	– zu anspruchsvoll?

Ausdrucksweise War die Ausdrucksweise

– sachgerecht,	– anschaulich,
– verniedlichend,	– abstrakt?

Mimik und Gestik Mimik und Gestik

– natürlich/unnatürlich,	– träge,
– heftig/stumpf,	– schwach,
– lebhaft/ruhig	– neutral?
– hektisch,	

Bestand eine Eigenständigkeit in Meinung und Tätigkeit?
Wirkte der Erzieher sicher/unsicher/überheblich?
War der Kontakt zu den Kindern lebhaft, freudig, freundlich, gleichgültig, erzwungen herzlich, verhalten?
Zeigte der Erzieher Einsatzbereitschaft und Einsatzfreude?
Wie reagierte der Erzieher auf Konflikte? Wurde notwendige Selbstbeherrschung geübt?
Entwickelte er Einfühlungsvermögen, geistige und körperliche Beweglichkeit?

3. Methodisches Vorgehen

Wie wurden die Kinder durch den Einstieg motiviert?   Motivation
Wirkte die Einführung motivierend? Wodurch?
War sie originell? War sie zielgerichtet? Stand sie im richtigen Ver-
hältnis zur Durchführung?
Erschien sie langweilig/allgemein?
War im methodischen Aufbau ein Artikulationsschema zu erkennen?
War der Raum zu groß/zu klein?
War die Sitzordnung richtig gewählt? Hatte jedes Kind genügend
Spiel- und Arbeitsfläche?
War der Aufbau des Angebotes klar gegliedert?
Hatte die Beschäftigung einen Spannungsbogen?
Wurde das Vorhaben in kleine, sinnvolle und nachvollziehbare Lern-   Lernschritte
schritte aufgegliedert?
Wurde zuviel auf einmal verlangt?
Welche Medien, Materialien, Spiel-, Lern- und Arbeitsmittel kamen
zum Einsatz?   Medien
Waren sie richtig ausgewählt und eingesetzt im Hinblick auf:
– Anschaulichkeit,   – Phantasieanregung,
– Klarheit,   – Schwierigkeiten,
– Aufforderungscharakter,   – Zielangemessenheit?
War das Material rechtzeitig bereitgelegt; übersichtlich angeordnet?   Material
Wurden Anweisungen zur Benutzung des Materials gegeben?
Fehlten Medien, um die Anschaulichkeit zu verbessern?
War die Beschäftigung mit Lernmitteln überfüllt? Wurden die
Kinder verwirrt?
Geschah Hilfeleistung
– weiterhelfend,
– die Selbständigkeit hemmend,
– fertigstellend?
Arbeitete der Erzieher vorwiegend mit Impulsen oder Fragen?   Fragestellung
Wurden Doppel- oder Suggestivfragen gestellt?
Wurden Äußerungen und Fragen der Kinder
– angemessen aufgenommen,
– anerkannt,
– übergangen,
– abgelehnt (absichtlich/unabsichtlich)?

Hat der Erzieher zu Fragen ermuntert?
Wurden Fragen und Antworten der Kinder sinnvoll unterstrichen/
verstärkt/gedankenlos nachgesprochen oder in den Verlauf der
Beschäftigung einbezogen?
Legte der Erzieher Wert auf selbständiges Handeln der Kinder?
Erhielten die Kinder Gelegenheit zur Einzelinitiative?
Konnten schöpferische Aktivitäten beobachtet werden?
Wurden Inhalte unnötig vorgegeben?
Wie wurden Leistungen und Wortbeiträge gewürdigt?
Mußten die Kinder über einen längeren Zeitraum inaktiv sein?
Welche Fähigkeiten und Fertigkeiten wurden in der Beschäftigung
vorwiegend angesprochen? Überwiegend

- kognitive,   - praktische,
- emotionale,   - imaginative?
- soziale,

Ordnete der Erzieher
- alles selbst,
- vorwiegend allein,
- mit den Kindern?
Wurden Gefährdungen erkannt / ihnen vorgebeugt?
Achtete der Erzieher auf Sauberkeit und Ordnung?
Kam die Arbeit zu einem sinnvollen Abschluß
- ruhig entwickelnd,
- künstlich gezwungener Schluß,
- plötzlicher Abbruch?
Wurden die Kinder am Aufräumen beteiligt? In welchem Umfang?

4. Zusammenfassende Beurteilungskriterien

Zeigte die praktische Arbeit eine intensive Auseinandersetzung mit
dem Stoff? Waren
- gründliches Vorgehen, pädagogisches Verständnis vorhanden
  oder
- wurde die Arbeit als Experimentierfeld angesehen und mit Reser-
  ven gearbeitet?

Zeigte die eigene mündliche Stellungnahme beim Auswertungsgespräch
- Fähigkeiten zur Selbstbeobachtung,
- Reflexionsfähigkeit,
- Bereitschaft und Fähigkeit zur Selbstkritik?
Waren diese Fähigkeiten
- vorhanden,
- punktuell vorhanden,
- umfassend vorhanden?
Wie wurde vom Studierenden Fremdkritik aufgenommen?

Mißerfolge in Erfolge umwandeln

An eine Praktikantin.

„Der Erfolg Ihrer gezielten Beschäftigung hängt entscheidend von Ihrer eigenen Motivation ab. Hierzu gehören Interesse und Freude an der Sache, Selbstvertrauen, eine angemessene Selbsteinschätzung der eigenen Fähigkeiten und etwas Mut.
Natürlich wird es auch hin und wieder einmal Mißerfolge geben. Werden Sie nicht mutlos! Auch Schwierigkeiten sind Impulse, das eigene Verhalten zu überprüfen und vielleicht einen anderen Weg einzuschlagen.
Jeder Lernende hat das Recht, sich einmal zu irren – auch der angehende Erzieher!
Versuchen Sie bei der Auswertung Ihrer Beschäftigung Einsicht in die Hintergründe eines möglichen Mißerfolgs zu erhalten. Durch ein intensives Gespräch, bei dem mögliche Fehler genau analysiert werden, können Sie Mißerfolge in Erfolge umwandeln.
Das Gespräch hilft Ihnen und Ihren Kollegen, gleiche oder ähnliche Fehler künftig zu vermeiden."

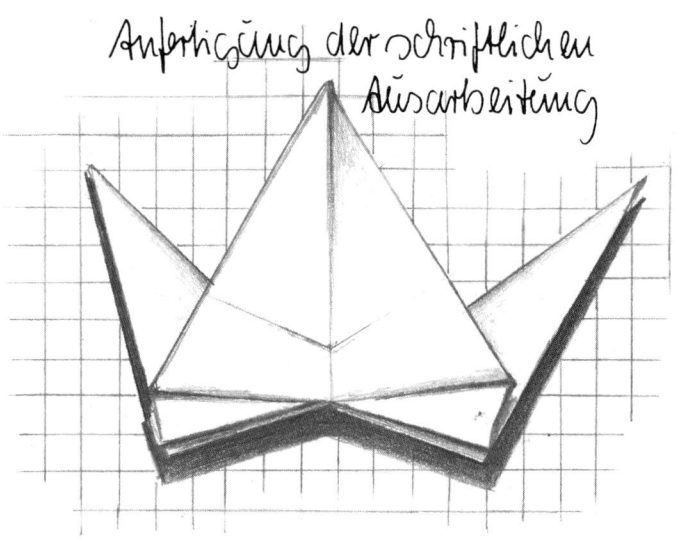

Anfertigung der schriftlichen Ausarbeitung

Je mehr von uns erwartet wird, je verantwortungsvoller unsere Tätigkeit ist, desto größer sind die Anforderungen im schriftlichen Ausdruck.

Der angehende Erzieher kommt nicht umhin, sich schriftlich auf eine gezielte Beschäftigung vorzubereiten. Darüber hinaus gilt es, Referate zu halten, Protokolle und Berichte anzufertigen. Nicht zuletzt entscheidet die Art seiner schriftlichen Bewerbung mit darüber, ob er nach seiner Ausbildung von einem Träger zum Einstellungsgespräch eingeladen wird.

Ein klarer und durchsichtiger Stil zeugt von klaren Gedanken. Wer in der Lage ist, eine übersichtliche, exakt und flüssig geschriebene Ausarbeitung anzufertigen, ist anderen überlegen.

Beginnen Sie rechtzeitig mit Ihrer Ausarbeitung; nicht erst zwei Tage vor der Durchführung! Wenn Sie sich selbst unter Zeitdruck setzen, wird die schriftliche Ausarbeitung einer Beschäftigung nicht selten zur Qual.

Versuchen Sie, Ihren persönlichen Arbeitsstil zu finden, wobei Sie zwischen beruflichen und privaten Bedürfnissen Grenzen zu ziehen haben. Zudem werden Sie Ihre persönliche Leistungsfähigkeit berücksichtigen müssen. Eine uniforme Methode für das eigene Lernen kann es nicht geben; zudem wird von niemandem erwartet werden können, seine Motivation stets auf gleicher Ebene oder Intensität zu halten.

Es stellt sich die Frage: „Wie gehe ich effektiv und rationell vor?"
Der Praktikant steht vor der Aufgabe, eine gezielte Beschäftigung anzufertigen. Unabhängig davon, ob eine „Mammut"-Arbeit oder eine kurze Darstellung zu bewältigen ist, die folgenden Regeln gelten für fast alle schriftlichen Ausarbeitungen.

Eigene Erfahrungen

Welche Erfahrungen habe ich gesammelt (z. B. im Vorpraktikum, in der Arbeit mit einer Kindergruppe)?
Durch das Nachdenken ohne Unterlagen zwingen Sie sich, alles zu reflektieren, was Sie über das Thema wissen.

Einfälle aufschreiben

Schreiben Sie nun Ihre Einfälle zur Beschäftigung auf. Sie brauchen sich dabei noch nicht an eine Gliederung oder an ein Schema zu halten. In dieser Phase produktiven Denkens sollten Sie sich nicht von Leitlinien einengen lassen.

Phase produktiven Denkens

Eine erste Gliederung

Sie haben sich auf mehreren Bogen Notizen gemacht. Versuchen Sie nun, dieses scheinbare Durcheinander zu gliedern und einen „roten Faden" hineinzubringen.

der „rote Faden"

Nicht immer gelingt es beim ersten Anlauf. Sollte also die erste Gliederung unbefriedigend sein, so lassen Sie sich nicht entmutigen. Es sind ja erst die Vorarbeiten.

Eigene Aufzeichnungen befragen und Informationen verarbeiten

Jetzt ist es an der Zeit, alle verfügbaren Unterlagen zu Rate zu ziehen. Vielleicht besitzen Sie noch eigene Aufzeichnungen aus Ihrem Vorpraktikum oder Sie finden in Fachzeitschriften Angaben zu

Ihrem Thema. Reichen Ihre eigenen Informationsmittel nicht aus, erkundigen Sie sich in Ihrer Schulbücherei oder in der Stadtbibliothek nach entsprechender Literatur.

Da auch der Erzieher nicht allwissend sein kann, schon gar nicht zu Beginn seiner Ausbildung, muß er sich bemühen, sein Sachwissen zu erweitern.

Für die Stoffsammlung gilt:
- Informationen sichten

Bücher (z. B. Lexika, Fach- und Sachbücher) durchsehen. Beim Sam-

Gewußt, wo! meln von Informationen ist das „Gewußt, wo!" besonders wichtig. Informieren Sie sich über den Aussagewert eines Buches, z. B., ob es die benötigten Auskünfte über das von Ihnen durchzuführende Thema gibt.

- Informationen rationell auswerten

Setzen Sie Schwerpunkte. Versuchen Sie, die für Ihre Ausarbeitung

die wichtigsten Informationen herausfiltern wichtigsten Informationen aus den Texten herauszufiltern. Speichern Sie nur Informationen, die wirklich wesentlich sind.

Während des Lesens haben Sie bestimmt eigene Ideen. Notieren Sie sofort, was Ihnen einfällt, auch wenn es Ihnen zunächst unwichtig erscheint. Machen Sie sich einen Ideenzettel.

Der Umfang und die Dauer Ihrer Sichtungs- und Auswertungsarbeit hängen natürlich von der Vorbereitungszeit ab, die Ihnen bis zur Durchführung Ihrer Beschäftigung zur Verfügung steht.

Zweite Gliederung

Sie haben Ihre erste Gliederung inzwischen überprüft, an ihr herumgestrichen, sie umgebaut und verändert. Vielleicht haben Sie festgestellt, daß Ihr Vorgehen z. T. unlogisch war, nicht kindgerecht, zu dürftig, zu umfassend oder zu wenig originell.

„ausfeilen" Die zweite Gliederung feilen Sie jetzt unter Zuhilfenahme des vorliegenden Materials aus. Sollten Sie immer noch nicht zufrieden sein, starten Sie zu einem weiteren Versuch.

Niederschrift

Sie fertigen eine erste Niederschrift an und sollten nun Ihre „gesammelten Werke" erst einmal beiseite legen. Ein kleiner innerer Abstand kann sehr von Vorteil sein. Selbst wenn Sie wenig Zeit bis zur Durchführung haben, sollten Sie einen Tag der Klärung dazwischenschieben. Wenn Sie dann Ihre Ausarbeitung zur Hand nehmen, sehen Sie diese unter Umständen mit ganz anderen Augen.

innerer Abstand

Gegebenenfalls überarbeiten Sie jetzt Ihre erste Niederschrift noch einmal bzw. nehmen Ergänzungen vor. Überprüfen Sie dabei Ihre Ausarbeitung auch im Hinblick auf die sachliche Richtigkeit:

- Habe ich die Lernziele richtig gesetzt?
- Entspricht der Inhalt den Bedürfnissen, Interessen und der Entwicklungsstufe der Kinder?
- Sind die gewählten Inhalte originell?
- Ist der Inhalt sachgerecht begrenzt nach Zeit und Ausmaß? Lieber weniger Inhalte, dafür klar aufgebaut und folgerichtig, als eine Fülle, die irritiert und zeitlich nicht durchzuführen ist.
- Habe ich mögliche Kinderaktivitäten in meiner Ausarbeitung berücksichtigt?
- Ist der Ablauf meines methodischen Vorgehens nachvollziehbar gegliedert und klar verständlich aufgeschrieben?

Achten Sie bei der Abfassung Ihrer Ausarbeitung auch auf einen guten Stil; sie sollte sauber, rationell und übersichtlich sein.
Bilden Sie keine zu langen Sätze. Verschachtelte Bandwurmsätze sollten wir Literaten überlassen. Formulieren Sie klar und verständlich. Schreiben Sie lebendig. Auch scheinbar trockener Stoff läßt sich lebendig darstellen. Voltaire sagte einmal, daß jede Art zu schreiben erlaubt sei, nur nicht die langweilige.

lebendig schreiben, anschaulich darstellen

Schreiben Sie anschaulich und vermeiden Sie überflüssige Fremdwörter. Natürlich können und sollen wir nicht auf alle Fremdwörter verzichten. Besonders dann nicht, wenn sie als Fachausdruck benutzt werden. Manchmal ist dann ein Fremdwort treffender als die eingedeutschte Bezeichnung.
Überprüfen Sie noch einmal die Ausarbeitung hinsichtlich Rechtschreibung und Zeichensetzung. Da nur wenige dieses Gebiet absolut sicher beherrschen, leistet der Duden hier unentbehrliche Hilfe.

Reinschrift

Nachdem Sie jetzt Ihre Ausarbeitung ein letztes Mal kritisch überprüft haben, können Sie das Ergebnis Ihrer Bemühungen endgültig
zu Papier bringen.
Ob Sie Ihre Reinschrift mit der Hand oder mit der Schreibmaschine
anfertigen, folgendes sollten Sie bedenken:

Überlegungen
für die
Reinschrift

- Papierformat DIN A 4 benutzen.
- Blätter nur einseitig beschriften.
- Die einzelnen Seiten exakt kennzeichnen (numerieren).
- Links einen Heftrand lassen (auch wenn Sie die Bogen zunächst
  nicht einheften wollen).
- Rechts einen Rand lassen (für Anmerkungen, Hinweise, Kenn-
  zeichnungen, Korrekturen).
- Übersichtliche Gliederung des Textes (Überschriften, Absätze,
  gegebenenfalls Illustrationen).
- Nicht zu eng beschriften; bei Benutzung einer Schreibmaschine
  1 1/2 zeilig schreiben, ca. 35 – 40 Zeilen pro Seite.

Darstellungsschemata für die schriftliche Ausarbeitung
gezielter Beschäftigungen

Eine längere schriftliche Ausarbeitung kommt nicht ohne eine entsprechende Gliederung aus. Die Gliederung ist so etwas wie Fahr-
plan, Wegweiser und Arbeitsprogramm zugleich.
Für gezielte Beschäftigungen lassen sich verschiedene Schemata festlegen.

1. Muster einer ausführlichen Fassung

Das folgende Schema einer ausführlichen schriftlichen Ausarbeitung
hat sich an mehreren Fachschulen für Sozialpädagogik als besonders
zweckmäßig erwiesen.

Titelblatt (DIN A 4):

```
Vorbereitung einer
gezielten Beschäftigung
am . . .


Name:
Klasse:
Kindergarten:
Gruppe:
Thema:
Zeit:
```

Gliederung:

1. Zeit bzw. Stellung im Tageslauf
2. Dauer der Beschäftigung
3. Angaben zur Gruppe
4. Raumgestaltung und Raumskizze
5. Thema
6. Aufgabe
7. Lernziele
8. Vorbereitung
   a) zu Hause
   b) im Kindergarten
9. Material
10. Geplanter Verlauf
    – Einstieg
    – Hauptteil
    – Schluß
11. Literaturangabe

(Die Angaben zur inhaltlichen Gestaltung der Gliederung finden Sie im Kapitel „Planung und Durchführung gezielter Beschäftigungen", S. 58 ff).

2. Muster einer Kurzfassung

Nachdem Sie sich intensiv mit der ausführlichen Ausarbeitung gezielter Beschäftigungen auseinandergesetzt haben, können Sie allmählich auf eine kurzgefaßte schriftliche Vorbereitung zurückgreifen. Voraussetzungen hierfür sind lernorganisatorische Sicherheit und genügend Übung.
Dem erfahrenen Erzieher genügen später in der Praxis kurze Notizen zur Vorbereitung.

Vorbereitung einer gezielten Beschäftigung

Praktikant(in):   Gruppe (Alter):   Datum: Zeit:

Gesamtthema:

Beschäftigungsthema:

Ziele: Grobziel: Feinziele:

Medien:

	didaktische Absicht	Methode	Begründung
Einstieg			
Hauptteil			
Schluß			

(Umfang der Ausarbeitung: 1 Seite im Format DIN A 4)

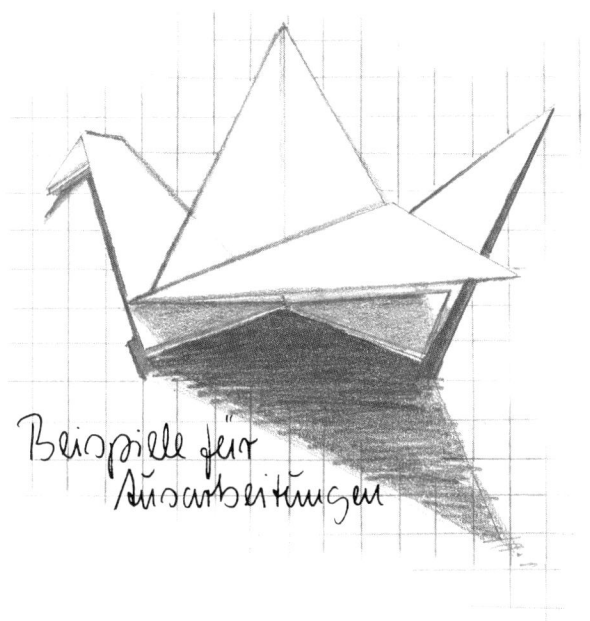

Beispiele für Ausarbeitungen

Zur Anregung, Vertiefung und als Diskussionsgrundlage finden Sie auf den nächsten Seiten acht schriftliche Ausarbeitungen von Studierenden einer Fachschule für Sozialpädagogik, und zwar:

1. Sechs ausführliche didaktische Analysen.
2. Zwei Kurzfassungen.

Die Ausarbeitungen wurden – bis auf geringfügige Überarbeitungen – bewußt unkorrigiert belassen, um Ihnen eine konstruktive Auseinandersetzung mit den Beschäftigungsentwürfen zu ermöglichen.

Untersuchen und überprüfen Sie die hier aufgeführten Beispiele nach den Ihnen bekannten Beurteilungskriterien (siehe S. 72ff).

Als Gesichtspunkte für eine Überprüfung lassen sich z.B. nennen:

– Sind die Ziele richtig gesetzt? Lassen sie eine pädagogische Absicht erkennen?
– In welchem Umfang werden die Lernziele operationalisiert?
– Entsprechen die gewählten Inhalte der in der Ausarbeitung genannten Altersstufe?
– Sind die Inhalte originell in der Auswahl?
– Ist das beabsichtigte methodische Vorgehen in sinnvolle, nachvollziehbare Schritte aufgeteilt?

- Sind die angegebenen Medien und Materialien anschaulich und klar? Besitzen sie Aufforderungscharakter?
- Sind die theoretischen und praktischen Vorbereitungen umfassend durchdacht?

Vielleicht entwickeln Sie zu der einen oder anderen Ausarbeitung Alternativvorschläge! Was würden Sie anders machen? Warum würden Sie es anders machen? Es gibt in der Regel immer mehrere Wege, die man gehen kann, um ein Ziel zu erreichen.

1. Ausführliche didaktische Analysen

Beispiel Nr. 1 Meine Familie und ich

Von der eigenen Familie berichten und sie im gemalten Bild darstellen.

1. Zeit/Stellung im Tageslauf:
Die gezielte Beschäftigung beginnt um 11.10 Uhr, nach dem Spiel im Freien. Nach dieser aktiven Phase dürften die Kinder in der Lage sein, sich zu konzentrieren.

2. Dauer der Beschäftigung:
Die Beschäftigungszeit beträgt 30 Minuten und besteht aus zwei Teilen. Sollte mein beabsichtigtes Gespräch über die Familie besonders intensiv werden oder sich die jüngeren Kinder nicht mehr konzentrieren können, werde ich das Malen der Familien weglassen. Wesentlicher Bestandteil soll das Gespräch sein.

3. Angaben zur Gruppe:
Es handelt sich um eine Gruppe mit acht Kindern im Alter von 4 – 6 Jahren. Durch Beobachtungen bei anderen Beschäftigungen fielen mir besonders einige Kinder auf. Malte, Phillip, Franz und Stefan wurden eher unruhig und hatten öfter das Bedürfnis, die Aufmerksamkeit der anderen Kinder und des Erziehers auf sich zu ziehen. Dies geschah entweder mit verbalen Äußerungen oder es ging auch teilweise soweit, daß andere Kinder körperlich angegriffen wurden.

4. Raumgestaltung und Raumskizze:
Zwei Raumskizzen sind nötig, da ich während der Beschäftigung den
Raum wechsle, damit die Kinder nicht schon während des Gesprächs
durch die Vorbereitungen abgelenkt werden. Außerdem bietet der
„Umzug" vom Gruppen- in den Turnraum den Kindern die Möglichkeit, sich kurz zu entspannen, nachdem sie während des Gesprächs
stillsitzen mußten und sich beim Malen wieder konzentrieren müssen.

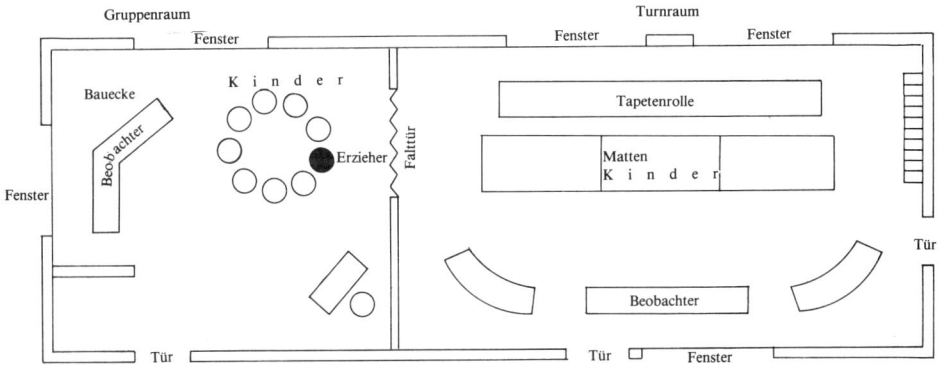

5. Thema:
Ich habe das Thema „Meine Familie und ich" aus den Rahmenbereichen „Umwelt-, Sach-, Naturbegegnung" und „Sozialerziehung" gewählt, weil es alle Kinder angeht, denn alle Kinder leben in einer ganz
bestimmten Familie und wissen sicherlich etwas über sie zu berichten.
Das Thema stammt also aus der nächsten Umwelt der Kinder. Daher
meine ich, daß es besonders gut für eine altersgemischte Gruppe
geeignet ist. Es bietet auch den Jüngeren die Möglichkeit, sich aktiv
am Gespräch zu beteiligen; aus demselben Grund meine ich auch die
stilleren Kinder aktivieren zu können.

6. Aufgabe:
Die Kinder erfahren, daß nicht alle Familien gleich sind, indem sie
anhand von Gesprächen und Bildern feststellen, daß die Familienmitglieder verschiedenen Aufgaben nachgehen können und daß die
Anzahl der Familienmitglieder in den verschiedenen Familien unterschiedlich sein kann.

Die Kinder sollen im Stuhlkreis von ihrer eigenen Familie berichten und sie anschließend im Bild darstellen. Alle Kinder malen gemeinsam ein großes Bild, in dem aber der Beitrag des einzelnen klar von denen der anderen abgegrenzt ist, damit den Kindern einerseits das Gefühl vermittelt wird, gemeinsam etwas hergestellt zu haben, andererseits aber die stilleren Kinder, die im Gespräch eventuell nicht genügend zu Wort gekommen sind, die Möglichkeit haben, einen individuellen Beitrag zu leisten.

7. Lernziele:
Grobziel:
Die Kinder erwerben Kenntnisse über die Familie(n).

Feinziele:
Die Kinder
– wissen, daß nicht alle Familien gleich zusammengesetzt sind.
– wissen, daß die Aufgaben innerhalb der Familie unterschiedlich verteilt werden können.
– erkennen, daß sich ihre eigene Familie von vielen anderen Familien unterscheidet.
– bekommen ein Gefühl für Beziehungen, die Familienmitglieder zueinander haben.
– bekommen ein Gefühl für die Familienzusammengehörigkeit (Geborgenheit).

8. Vorbereitung:
a) zu Hause:
– Ich male ein großes Bild, das eine vierköpfige Familie darstellt.
– Ich mache mir Gedanken darüber, was ich von der dargestellten Familie berichten möchte.
– Ich male auf die Rückseite einer Tapetenrolle 10 große Umrisse von Häusern.
b) im Kindergarten:
– Ich rücke die Stühle zu einem Stuhlkreis zusammen.
– Ich befestige die Tapetenrolle mit Klebeband am Boden des Turnraums.
– Ich lege Wachsmalstifte in mehreren Schälchen bereit.
– Sollte der Boden des Turnraums zu kalt sein, lege ich Turnmatten zurecht, auf die sich die Kinder beim Malen knien können.

9. Material:
Tapetenrolle, Wachsmalstifte, Klebeband.
Hilfsmittel: Turnmatten.

10. Geplanter Verlauf

a) Einstieg
Die Kinder und ich setzen uns in den Stuhlkreis. Ich stelle mich vor und zeige das vorbereitete Bild. Die Kinder können es einen Augenblick betrachten, dann frage ich sie, was sie auf dem Bild sehen. Fällt das Stichwort „Familie" oder „Vater, Mutter, Kinder" sage ich den Kindern, daß ich Ihnen erzählen möchte, wie es in einer Familie zugeht und stelle die Aufgabenfelder vor:
Der Vater arbeitet den ganzen Tag. Die Mutter arbeitet bis mittags, bringt das Mädchen (Susanne) in den Kindergarten und holt es wieder ab; sie kocht auch das Essen. Der Junge (Klaus) geht in die Schule. Abends spielen alle Familienmitglieder manchmal zusammen . . .

b) Hauptteil
Dann frage ich die Kinder, ob es in ihrer Familie genauso oder anders zugeht. Sollte kein Kind beginnen, frei zu erzählen, sage ich ganz kurz (!), wie sich meine eigene Familie von Susannes Familie (s. o.) unterscheidet. Sollte auch nach dieser Anregung kein freies Gespräch zustande kommen, stelle ich gezielte Fragen. Zunächst frage ich die Kinder, ob sie alle, wie Susanne, einen großen Bruder haben, ob sie überhaupt Geschwister haben. Nachdem die Kinder von ihren Geschwistern berichten, werden wir feststellen, daß nicht in jeder Familie gleich viele Geschwister sind. Dann frage ich die Kinder, ob ihnen noch etwas einfällt, was ihre eigene Familie von Susannes Familie unterscheidet. Eventuell stelle ich, um das Gespräch in Gang zu halten, gezielte Fragen danach, ob in allen Familien Väter und Mütter arbeiten, ob die Väter auch manchmal kochen und was die Familien am Abend machen. Ich nehme dabei immer Bezug auf die zu Beginn erzählte Geschichte. Während des Gesprächs achte ich darauf, daß alle Kinder, auch die jüngeren und die stilleren, zu Wort kommen. Eventuell spreche ich diese Kinder persönlich an. Ich werde darauf achten, daß die Kinder einander ausreden lassen. Am Ende des Gesprächs werden wir feststellen, daß jede Familie ganz besonders ist.

Ich sage den Kindern dann, daß wir jetzt in den Turnraum gehen wollen, weil ich dort eine lange „Straße" mit vielen Häusern vorbereitet habe und nun jedes Kind seine Familie in ein Haus malen darf.

Damit die Kinder mit ihren Ärmeln keine Farbe aufnehmen, lasse ich sie aufkrempeln und gebe gegebenenfalls Hilfestellung.

Sollte es nötig sein, weise ich im Turnraum noch einmal darauf hin, daß die Kinder ihre eigene, nicht aber Susannes Familie malen sollen.

Den Kindern, die mit dem Malen erheblich früher fertig sind als die anderen, sage ich, daß sie neben den Personen auch noch Tiere und Gegenstände in ihr Haus malen dürfen, die in ihrer Familie vorhanden sind.

Während die Kinder noch malen, schaue ich mir die Bilder schon einmal an und bekräftige die Kinder.

Ich schreibe die Namen der Kinder auf ihre Bilder.

c) Schluß

Wenn alle Kinder mit dem Malen fertig sind, gehen wir gemeinsam die „Straße" entlang und betrachten die verschiedenen Familien. Ich frage die Kinder, ob sie zu ihrem Bild (Personen, Tiere, Gegenstände) noch etwas erzählen wollen; eventuell weise ich selbst noch einmal auf Unterschiede hin.

Gemeinsam hängen die Kinder und ich die „Straße" im Flur vor dem Gruppenraum auf. Dann bitte ich die Kinder, mir beim Wegräumen der Stifte und Matten zu helfen.

Beispiel Nr. 2   Die Uhr − Von der Sonnenuhr bis zu heute gebräuchlichen Uhren

1. Zeit/Stellung im Tageslauf:
Meine Beschäftigung findet am Vormittag von 9.20 − 9.50 Uhr statt. Zu diesem Zeitpunkt sind die Kinder noch ausgeruht und aufnahme- und konzentrationsfähig.

2. Dauer der Beschäftigung:
ca. 30 Minuten. Dieser zeitliche Rahmen sollte ausreichen, um mein Thema zu vermitteln und die Erfahrungen der Kinder zu erweitern.

3. Angaben zur Gruppe:
Die heterogene Gruppe wird aus 8 − 10 Kindern im Alter von 4,2 bis 6,3 Jahren bestehen.

Die Kinder sind mir bereits aus mehreren Beschäftigungen bekannt. Während drei Kinder sehr ruhig sind, verhalten sich die anderen besonders lebhaft. Ich möchte die ruhigen Kinder (zwei sind neu in der Gruppe) anregen, sich an der Beschäftigung zu beteiligen, und die lebhaften durch meine Person und das Thema so ansprechen, daß sie die Durchführung nicht durch Unruhe stören.

4. Raumgestaltung und Raumskizze:

Für meine Beschäftigung wähle ich eine Tischgruppe im Gruppenraum, weil dieser sehr hell ist und eine freundliche Atmosphäre ausstrahlt. Gute Lichtverhältnisse tragen zur besseren visuellen Wahrnehmung der Kinder bei.

Die Sitzordnung ermöglicht mir den Blickkontakt zu jedem Kind während des Gesprächs und der Demonstration.

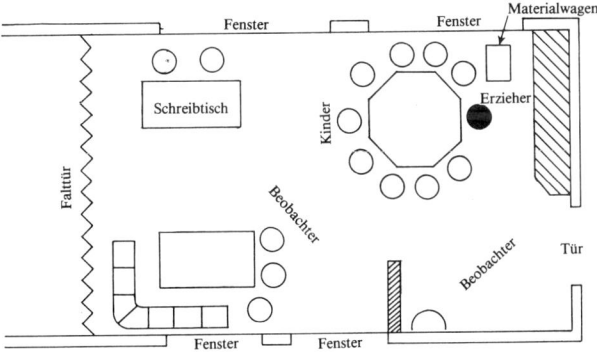

5. Thema:

Ich habe aus dem Hauptthema „Die Zeit" das Teilthema „Die Uhr – Von der Sonnenuhr bis zu unseren heute gebräuchlichen Uhren" gewählt, weil sich die Technologie fortwährend weiterentwickelt und die Kinder mit der technisierten Welt leben müssen.

Anhand der Uhr möchte ich den Kindern die verschiedenen technischen Entwicklungsstufen etwas verständlicher machen.

Die Uhr ist für die Kinder ein bekannter Begriff; ein Instrument, dem sie täglich in ihrer Umwelt begegnen. Nur ganz selten ist den Kindern der gewählten Altersstufe bekannt, wie die Uhr vor vielen tausend Jahren entstanden ist. Daher glaube ich, daß sie mit Interesse das Thema verfolgen werden. Hinzu kommt noch, daß die Kinder im Alter von 4 – 6 Jahren allem Neuen gegenüber sehr aufgeschlossen sind.

6. Aufgabe:

Die Kinder erfahren im Gespräch (Erziehervortrag und fragend-entwickelnd) und durch Anschauungsobjekte und Demonstration, daß es nicht immer solche Uhren gab, wie wir sie heute gebrauchen, sondern daß die Menschen vor vielen tausend Jahren die Zeit mit anderen Mitteln gemessen haben.

Sonnen-, Wasser-, Kerzen- und Sanduhr haben viele Jahrhunderte die Zeit bestimmt. Die Kinder erfahren durch den Erzieher, daß die Zeit erst in Stunden gemessen wurde (Beispiel: Elementaruhren), woraus sich später Minute und Sekunde entwickelt haben. Dieses wird den Kindern deutlich, wenn ich ihnen nach den Elementaruhren die ersten Räderuhren zeige.

Durch das Betrachten von Anschauungsobjekten erhalten die Kinder einen kleinen Einblick in den komplizierten Mechanismus der modernen Uhr, z. B. der Digitaluhr.

7. Lernziele:

Grobziel:

Die Kinder besitzen Kenntnisse über die geschichtliche Entwicklung der Uhr und können mehrere Uhrentypen unterscheiden.

Feinziele:

Die Kinder

– kennen die Begriffe Sonnen-, Wasser-, Kerzen- und Sanduhr.
– wissen, wie diese Uhren funktionieren.
– wissen, daß man mit einfachen Mitteln eine Uhr herstellen kann.
– wissen, warum die Weiterentwicklung genauerer Uhren notwendig wurde; z. B. Sonnenuhren waren bei Regenwetter nicht zu gebrauchen; Pünktlichkeit im Bus- und Zugverkehr.
– wissen, daß die heutigen Uhren (mechanische und elektronische) für den Menschen besonders wichtig sind.
– helfen beim Aufbau und der Inbetriebsetzung verschiedener Uhrenmodelle.

8. Vorbereitung:

a) zu Hause:

Literatur zum Thema „Uhren" beschaffen; Anschauungsmodelle und Wecker besorgen. Einige Elementaruhren (Sonnen-, Wasser-, Kerzenuhr) selbst herstellen und ausprobieren. Fragen überlegen.

b) im Kindergarten:
Tische und Stühle zurechtstellen, Material griffbereit auf dem Materialwagen (siehe Raumskizze) anordnen.

9. Material:
Eine große und eine kleine Schale, eine Kerze, Perlen, Teller, Wasser, Streichhölzer.
Hilfsmittel: Sanduhr, verschiedenartige Uhren, eine Taschenlampe.

10. Geplanter Verlauf
a) Einstieg
Ich setze mich mit den Kindern an den Tisch und sage ihnen, daß wir heute über die Uhr sprechen wollen; worauf ich die Kinder frage, welche Art von Uhren sie bereits kennen.
Die Kinder werden verschiedene Uhrentypen nennen.

b) Hauptteil
Nach diesem kurzen allgemeinen Gespräch sage ich den Kindern, daß es vor vielen tausend Jahren solche Uhren, wie wir sie heute benutzen, nicht gegeben hat. Weiter frage ich, ob vielleicht ein Kind weiß, wie die Menschen wohl damals die Zeit gemessen haben. (Es kann sein, daß ein Kind die Sonnenuhr erwähnt.)
Den Kindern zeige ich eine von mir selbst konstruierte Sonnenuhr und frage sie, wie diese Uhr heißt und führe mit Hilfe einer Taschenlampe die Funktion der Uhr vor. Die Kinder lasse ich dann ebenfalls probieren; wenn nötig, bin ich ihnen behilflich.
Während die Kinder noch probieren, bitte ich sie, die Taschenlampe kurz auszustellen und richte an sie die Frage:
„Wie haben wohl die Menschen die Zeit abgelesen, wenn es regnete oder Wolken vor der Sonne waren?" Die Antworten der Kinder warte ich ab, stelle dann das mitgebrachte Material für die Vorführung der Wasser-, Kerzen- und Sanduhr auf den Tisch. Ich frage die Kinder, ob sie sich vorstellen können, daß es sich um Uhren handelt, was da vor ihnen auf dem Tisch liegt. (Die Sanduhr werden wohl alle gleich erraten.)
Den Kindern erkläre ich, daß wir diese Uhren noch schnell aufbauen müssen, um sie ausprobieren zu können. Ich bitte ein Kind hierbei um Mithilfe.

Die einzelnen Uhren erläutere ich im weiteren Verlauf wie folgt:
Wasseruhr: Hierzu benötigen wir eine Schale mit Wasser, eine kleinere Schale (Dose) mit einem Loch, durch das das Wasser fließen kann. Die kleinere Schale wird auf das Wasser gesetzt; jetzt fließt Wasser in die Schale. Geht die Schale unter, ist ein bestimmter Zeitabschnitt verstrichen. (In unserem Fall ca. 5 Minuten.)
Kerzenuhr: Eine Kerze wird in bestimmten Abständen mit einer Perle versehen und auf einem Teller befestigt. Ist beim Herunterbrennen des Dochtes der Stand einer Perle erreicht, fällt diese klirrend auf den Teller. Wiederum ist ein bestimmter Zeitabschnitt verstrichen; ca. 6 Minuten.
Bei der Betätigung der einzelnen Uhren können mir einige Kinder helfen. Ich gehe davon aus, daß es ihnen Freude macht und sie dadurch motiviert werden, aufmerksam zu bleiben.
Bei der Kerzenuhr weise ich auf die Gefahren des offenen Feuers hin. Die Durchführung und Erläuterung der einzelnen Uhren laufen parallel. Es ist von mir beabsichtigt, alle drei Uhren (Sand-, Wasser- und Kerzenuhr) zur gleichen Zeit in Betrieb zu setzen. Dies erscheint mir am besten, da die Aufmerksamkeitsspanne der Kinder noch nicht so groß ist. Würde ich jedes Modell einzeln vorführen, so könnte Unruhe bei den Kindern auftreten. Sie hätten außerdem Schwierigkeiten, gewisse Zusammenhänge zu erkennen; so jedoch wird es ihnen anschaulicher.
Ist die Demonstration der Elementaruhren abgeschlossen, spreche ich mit den Kindern darüber, daß diese Uhren nicht gerade praktisch für den Menschen waren. Es mußte immer jemand auf die Uhren aufpassen, zudem konnten sie nicht mit auf Reisen genommen werden . . . Dieses Gespräch soll als Überleitung zur ersten „modernen Uhr" dienen, die praktischer war und genauer. Im Gegensatz zu den Elementaruhren verfügte sie bereits über Zeiger (und später über Minuten- und Sekundenangabe).
Auf diese Weise soll den Kindern die Weiterentwicklung und deren Notwendigkeit verständlich gemacht werden. In diesem Zusammenhang weise ich die Kinder darauf hin, daß man sich nach der genauen Uhrzeit richten muß, wenn man z. B. einen Theaterbesuch macht, mit dem Bus fahren will oder in den Kindergarten geht.
Das Gespräch lenke ich auf den Wecker. Ich zeige den Kindern die mitgebrachten Modelle. Wir sehen uns alle gemeinsam an und ver-

gleichen sie miteinander. Hierbei erinnere ich die Kinder an die Sonnen-, Wasser-, Kerzen- und Sanduhr. Den Kindern führe ich das Innere eines Weckers vor; sie können sich das Räderwerk genau ansehen.

c) Schluß

Nachdem wir die Handhabung, den praktischen Wert und das Innere des Weckers besprochen haben, stellen die Kinder (evtl. mit meiner Hilfe) einige Wecker. (Ich bitte die Kinder, mit den Uhren vorsichtig umzugehen, da sie recht empfindlich sind.) Die Übung endet mit einem Weckerkonzert. Gemeinsam wird weggeräumt.

11. Literatur:

Duden-Lexikon. Bibliographisches Institut, Mannheim 1972.
Abeler, J.: 5000 Jahre Zeitmessung, Wuppertal 1978.

Herbstwind Beispiel Nr. 3

Was ist Wind? Wie entsteht er? Was Wind alles kann! Basteln eines Windrades.

1. Zeit/Stellung im Tageslauf:

Die Kinder haben vor meiner Beschäftigung auf dem kindergarteneigenen Spielplatz gespielt. Dort konnten sie ihrem Bewegungsdrang freien Lauf lassen. Meine Beschäftigung beginnt um 10.00 Uhr.

2. Dauer der Beschäftigung:

ca. 35 Minuten. Diese Zeit reicht aus, um mein Thema zu vermitteln und die Erfahrungen der Kinder zu erweitern.

3. Angaben zur Gruppe:

Die Gruppe setzt sich aus 10 Jungen und Mädchen im Alter von 4,1 – 6,2 Jahren zusammen. Die Kinder sind bereits längere Zeit in der Gruppe zusammen und haben schon mehrfach an Beschäftigungen mit Schülern der Fachschule für Sozialpädagogik teilgenommen. Jürgen, Malte und Kai lenkten viel Aufmerksamkeit auf sich und sorgten für Unruhe. Stefan hingegen versuchte sich oft aus dem Spielgeschehen herauszuziehen und hatte Schwierigkeiten, sich von der Gruppenerzieherin zu trennen.

4. Raumgestaltung und Raumskizze:

Ich wähle den Gruppenraum. Er ist sehr hell und freundlich. Für einen Versuch benötige ich Wasser vom Waschbecken; deshalb stelle ich einen Tisch und Stühle in die Nähe des Waschbeckens. Die Gruppierung um den Tisch habe ich gewählt, weil ich hier ein Spiel durchführen und mit den Kindern basteln möchte.

Gruppenraum

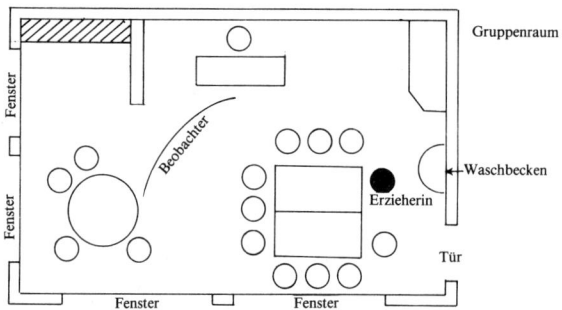

5. Thema:

Das Thema „Herbstwind" (Rahmenbereich „Umwelt-, Sach-, Naturbegegnung) beinhaltet die jetzige Jahreszeit; es geht um die Entstehung von Wind, was Wind ist, seine Eigenschaften und was er bewirkt.

Ich habe das Thema gewählt, weil für die Kinder ein realer Bezug vom Thema zur Jahreszeit besteht. Die Kinder lernen durch das Thema ihre Umwelt intensiver kennen und sie zu erklären.

6. Aufgabe:

Die Kinder werden durch das Spiel „Windball- oder Wattepusten" zum Thema hingeführt und motiviert. Das Thema wird im gelenkten Gespräch erarbeitet (siehe „geplanter Verlauf"). Zum Schluß basteln die Kinder ein Windrad, das sie mit nach Hause nehmen.

7. Lernziele:

Grobziel:

Die Kinder besitzen Kenntnisse über die Entstehung und Wirkweisen des Windes.

Feinziele:

Die Kinder wissen

– Luft kann man nicht riechen, schmecken und sehen; sie ist unsichtbar und überall.
– Luft kann man fühlen, wenn man sie mit dem Fächer bewegt.
– Wind ist bewegte Luft, strömende Luft.
– warme Luft strömt nach oben und kalte Luft strömt warmer Luft entgegen.
– Luft kann leichte Dinge tragen.
– Wind ist für den Menschen nützlich.
– Luft ist manchmal warm, feucht, kalt oder trocken.
– was man unter einer Brise und einem Orkan versteht.

Lernziel beim Basteln des Windrades:

– Die Fingerfertigkeit der Kinder wird geübt durch Zeichnen mit einer Schablone und dem Lineal; durch Schneideübungen mit der Schere.

8. Vorbereitung:

a) zu Hause:

Um das Thema sachgerecht, kindgemäß und anschaulich zu erklären, habe ich mich an Sachbilderbüchern orientiert und einfache Experimente zur Veranschaulichung herausgesucht. Alle Experimente habe ich zu Hause durchgeführt.

Für das Einleitungsspiel habe ich einen Windball gebastelt und für die Bastelarbeit mit den Kindern Schablonen angefertigt.

b) im Kindergarten:

Ich richte im Kindergarten 11 Sitzplätze an einem Tisch ein, den ich in die Nähe des Waschbeckens stelle.

Meine Materialien und Hilfsmittel baue ich griffbereit auf.

9. Materialangabe:

Windball oder Watte (für das erste Spiel), einen Behälter für Wasser und ein Glas (Nachweis für „Überall ist Luft"), Fön (Nachweis für „Wind ist bewegte Luft"), Fächer, Kerze und Räucherstäbchen (Nachweis für „Warme Luft strömt nach oben, kalte Luft strömt nach").

Zum Basteln: Schablone, Pappe, Schere, Lineale (Pappstreifen), Stifte. Da ich auch mit offenem Feuer (Kerze/Räucherstäbchen) arbeite, halte ich einen Wassereimer und eine Wolldecke bereit.

10. Geplanter Verlauf

a) Einstieg

Ich begrüße die Kinder und stelle mich kurz vor. Ich zeige ihnen den mitgebrachten Windball und lasse sie raten, was es ist. Wenn es keiner errät, nenne ich den Namen des Spielzeugs und erkläre, wie man mit ihm spielen kann.

Spielverlauf: Alle Kinder sitzen um den Tisch und pusten den Windball von einem Kind zum anderen, wobei der Windball nicht auf die Erde fallen darf. Die Hände dürfen als „Wandschirm" benutzt werden.

b) Hauptteil

In einem günstigen Augenblick, z. B. wenn der Ball vom Tisch fällt, lenke ich das Gespräch ein. Zur Gesprächsführung habe ich mir folgende Fragen überlegt:
– Womit habt ihr den Ball bewegt? – Wer bewegt draußen den Windball? – Kann man Luft fühlen?

Um zu zeigen, daß Wind bewegte Luft ist, habe ich einen Fön mitgebracht.

Ich erkläre den Kindern, daß Luft manchmal warm, trocken, feucht oder kalt ist. Die Kinder sollen ihre Atemluft bestimmen.
– Wo ist denn die Luft? – Kann man sie riechen, sehen oder schmecken? Durch das Experiment will ich beweisen, daß Luft überall ist.

Versuch: Ich stülpe ein Glas ins Wasser. Das Glas füllt sich nur zur Hälfte mit Wasser. Bevor ich das ganze Glas mit Wasser füllen kann, muß ich erst die Luft herauslassen. Die Kinder erkennen: Ein leeres Glas ist gar nicht leer. Es ist voll Luft.

Der nächste Versuch soll den Kindern zeigen, daß warme Luft nach oben strömt und kalte Luft zur warmen Luft hinströmt.

Versuch: Ich zünde eine Kerze und ein Räucherstäbchen an. Das Räucherstäbchen räuchert langsam. Halte ich das Stäbchen über die Flamme, räuchert es ganz schnell; der Rauch wird nach oben weggerissen, weil die aufströmende Luft den Rauch mit sich zieht.

Wenn ich an dieser Stelle meiner Beschäftigung noch genügend Zeit habe, demonstriere ich anhand von zwei Zeitungsblättern, daß Luft leichte Dinge tragen kann.

Versuch: Ein Zeitungsblatt zerknülle ich. Dann lasse ich beide fallen. Das geknüllte Papier plumpst zur Erde. Die geöffnete Zeitung segelt zur Erde.

Ich knüpfe eine Parallele zu den Blättern, die der Wind draußen herumwirbelt.

Wir überlegen gemeinsam, was der Wind alles kann; z. B. Segelboote schiffen, Wäsche trocknen, Windmühlen antreiben, leichte Dinge tragen, Fahnen wehen, Kerzen ausblasen, Fenster klappen.

Wind kann unterschiedlich sein. Ich nenne die Begriffe

– sanfte Brise	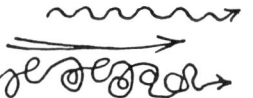	Die Symbole werden
– Sturm		von mir mit den
– Orkan		Händen dargestellt.

Ich frage die Kinder: „Hat der Wind euch schon einmal geärgert?" Die Kinder äußern sich. Dann lenke ich das Gespräch:

Wind kann auch Spaß machen! Drachen steigen lassen – Windmühle herstellen – Klatsche bauen – Windrädchen basteln.

In den letzten 10 Minuten meiner Beschäftigung möchte ich mit den Kindern ein Windrad basteln. Ich erkläre den Bastelvorgang.

Ein Kreis (siehe Zeichnung) wird ausgeschnitten; Dreiecke nach oben und nach unten biegen. Aus großer Höhe fallen lassen.

Die durchgezogenen Linien werden eingeschnitten, die punktierten gefaltet.

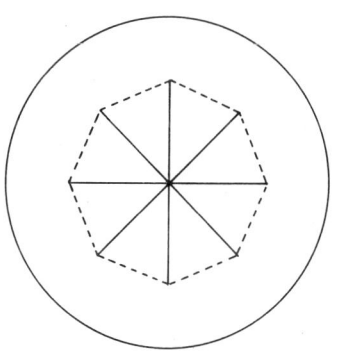

c) Schluß

Ich beziehe die Kinder in die Aufräumungsarbeiten mit ein. Gemeinsam beraten wir, wo wir unser Spielzeug ausprobieren können. Habe ich noch Zeit, schreibe ich auf jedes Windrad den Namen des Kindes und verabschiede mich.

11. Literaturangabe: Das Wetter, Bd. 7 aus der Reihe „Was ist das?", Neuer Tessloff Verlag, Hamburg. Michael/Moffat: Wind und Wasser erfahren, Praxishefte für Erzieher, Ravensburg. Das Wetter, Falken-Verlag, Niedernhausen. Wetter – Kinder fragen, Reich-Verlag, Luzern.

Die beiden folgenden Ausarbeitungsvorschläge (Nr. 4 und 5) verfügen unter Punkt 10 (Geplanter Verlauf) über die Spalte „Begründung". Gerade für den Praktikanten und Berufsanfänger bietet sich hier eine gute Möglichkeit, sich das geplante didaktisch-methodische Vorgehen vertieft zu vergegenwärtigen.

Beispiel Nr. 4 Einführung eines Weihnachtsliedes

Den Kindern soll die erste und zweite Strophe des Weihnachtsliedes „Setz den Teig mit Honig an" durch Vor- und Nachsingen vermittelt werden.

1. Zeit bzw. Stellung im Tagesablauf:
Die Beschäftigung wird gegen 11.45 Uhr am Vormittag beginnen. Zuvor haben die Kinder die Möglichkeit, im Freien zu spielen, wenn das Wetter dies zuläßt, damit ihr Bewegungsdrang gestillt wird und sie anschließend aufnahmefähig und konzentriert an der Beschäftigung teilnehmen können.

2. Dauer der Beschäftigung:
Die Beschäftigung soll 30 Minuten nicht überschreiten, damit die Kinder in ihrer Aufnahmefähigkeit bezüglich des neuen Textes und der neuen Melodie nicht überfordert werden. Aus diesem Grund ist vorgesehen, zunächst nur die erste Strophe des Liedes zu singen. Sollte sich im Verlauf der Übung jedoch herausstellen, daß das „Einstudieren" den Kindern keine Schwierigkeiten bereitet, werde ich ebenfalls die zweite Strophe mit den Kindern erarbeiten und gegebenenfalls eine kurzfristige Zeitüberschreitung in Kauf nehmen.

3. Angaben zur Gruppe:
Sie ist alters- und geschlechtsgemischt, d. h., es werden Mädchen und Jungen von 3,6 bis 6,4 Jahren teilnehmen. Laut Aussage der Gruppenerzieherin ist den Kindern das vorgesehene Lied unbekannt, so daß diese Ausgangsvoraussetzung für alle gleich ist. Bezüglich der Erfahrung mit Klanghölzern sind Unterschiede vorhanden, da die Größeren bereits − im Gegensatz zu den Kleinen − Umgang damit hatten.

4. Raumgestaltung und Raumskizze:
Als Ort der Beschäftigung wähle ich den Gruppenraum — und dies aus folgenden Gründen:
- er ist nicht so „hallig" zum Singen wie der Turnraum;
- er ist weihnachtlich dekoriert, trägt also zur Stimmungsuntermalung bei;
- er ist gemütlicher und schafft deshalb eine behaglichere Atmosphäre.

Gruppenraum

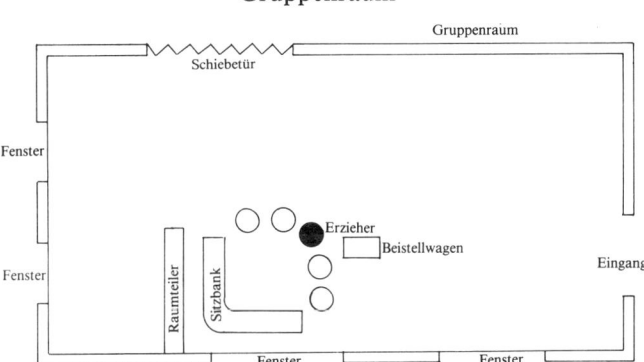

5. Thema:
Diese Beschäftigung wurde einerseits aus aktuellem Anlaß (= Weihnachtszeit) gewählt, um den Kindern ein etwas unbekannteres Weihnachtslied nahezubringen und damit ihr Liedrepertoire zu erweitern, andererseits aus der Tatsache heraus, daß Singen bzw. Musik im allgemeinen eine Bestätigung der (kindlichen) Gefühlswelt darstellt, zur Persönlichkeitsentfaltung beiträgt und die phonetische Sprachbildung fördert. Darüber hinaus ist Musik ein Ausdruck der Lebensfreude.

6. Aufgabe:
Die Kinder werden durch Vorsingen der Schülerin und eigenes Nachsingen das Lied „Setz den Teig mit Honig an" bzw. dessen erste und zweite Strophe kennenlernen. Zur Steigerung der Musizierfreude werden als Begleitinstrumente eine Gitarre (Erzieherin) sowie Klanghölzer (Kinder) eingesetzt. Ein unmittelbares Erfolgserlebnis sollen die Kinder durch die Aufnahme und das Abspielen des Gesangs auf einem Kassettenrecorder bekommen.

101

1. Setz den Teig mit Ho-nig an. Knack die brau-nen Ker-ne

Ei-nen Pfef-fer-ku-chenmann ha-ben al-le ger-ne Rul-la-la,

rul-la-la, rul-la-la, rul-la-la, ha-ben al-le ger-ne.

Text: Hanna Hanisch

Melodie und Satz: Hans Poser

2. Mach ein großes Feuer an, daß die Funken stieben.
Fertig ist der braune Mann, Knöpfe hat er sieben.
/. Rullala, rullala, ./ Knöpfe hat er sieben.

3. Ich und du und du und ich — jeder will ihn haben.
Nikolaus, wir bitten dich: Bring uns deine Gaben!
/. Rullala, rullala, ./ bring uns deine Gaben!

7. Lernziele:
Grobziele:
a) Die Kinder können ein neues Lied singen.
b) Die Kinder schulen ihren Gehörsinn und setzen das Gehörte richtig um.
c) Die Kinder kennen den Umgang mit Klanghölzern.
d) Die Kinder drücken Lebensfreude aus.

Feinziele:
zu a)
– Die Kinder kennen den Text des Liedes sowie dessen Aussage.
– Die Kinder kennen die Melodie des Liedes.
– Die Kinder kennen den Rhythmus des Liedes.

zu b)
- Die Kinder hören aufmerksam zu.
- Die Kinder geben das Lied melodierichtig wieder, d. h. sie unterscheiden die Tonhöhen.
- Die Kinder geben den Text phonetisch richtig wieder.

zu c)
- Die Kinder wissen die Klanghölzer richtig anzufassen.
- Die Kinder wissen die Klanghölzer richtig anzuschlagen.

zu d)
- Die Kinder zeigen Freude am Musizieren.
- Die Kinder bauen verbale Hemmungen durch Mitsingen ab.

8. Vorbereitung:

a) zu Hause:
- Sichten des Weihnachtsliedergutes und Auswahl eines unbekannten Liedes.
- Eigenes Einstudieren des Liedes auf der Gitarre.
- Kaufen von rotem Stoff und Nähen eines „Nikolaussäckchens".
- Pfefferkuchenmännchen bzw. Lebkuchen besorgen.
- Kassettenrecorder auf Funktionstüchtigkeit hin untersuchen.

b) im Kindergarten/Schule:
- Vorgespräch mit der Gruppenleitung über musikalische Vorkenntnisse der Kinder.
- Ausleihen der Klanghölzer aus dem Musikraum der Schule.
- Bereitstellung der benötigten Medien/Hilfsmittel auf einem Beistellwagen.
- Anordnen der Stühle/Bänke im vorgesehenen Raum des Kindergartens.

9. Material:
- Arbeitsmaterial: keines.
- Medien:
  Nikolaussäckchen (zur Motivationssteigerung),
  Pfefferkuchenmann (zur Anschaulichkeit).
- Hilfsmittel: Gitarre, Klanghölzer, Kassettenrecorder.
- Werkzeuge: keine.
- Sonstiges: Lebkuchen zum abschließenden Verteilen.

10. Geplanter Verlauf:

Vorgehen	Begründung
Einstieg Ich werde mich den Kindern kurz vorstellen und alsdann meine Gitarre aus der Hülle nehmen, wobei ich sie frage, ob sie wissen, was dieses für ein Instrument sei. In der Annahme, daß ein Kind den Namen kennt, frage ich dann weiter, wozu man eine Gitarre benützen kann. Die Kinder werden vielleicht das Spielen erwähnen, wobei es mir wichtig ist herauszustellen, daß man sie auch zum Begleiten von Gesangsstücken/Liedern einsetzen kann.	Wecken der Aufmerksamkeit. Motivierung. Vermittlung von Sachinformation.
Ich erkläre den Kindern, daß wir dies auch tun wollen und fordere sie − unter Hinweis auf die Jahreszeit − auf, gemeinsam zu überlegen, was für ein Lied wir singen könnten. Nachdem ein Kind Weihnachtslieder erwähnt hat, werde ich zustimmen und fragen, welche Weihnachtslieder die Kinder bereits kennen.	Hinweis bzw. Aufklärung über die Absicht der Beschäftigung zur Orientierung der Kinder. Prinzip der (geistigen) Aktivität. Aufforderung zur verbalen Äußerung.
Hauptteil Nach den Wortbeiträgen der Kinder, auf die ich inhaltlich kurz eingehen werde, möchte ich den Kindern erzählen, worum es sich in meinem Weihnachtslied handelt. Hierzu werde ich einen − bislang verborgenen − roten (Nikolaus-) Sack vorziehen, dem ich einen Pfefferkuchenmann entnehmen werde, den die Kinder als solchen identifizieren sollen.	Vorbereitung auf den Text. Prinzip der Anschaulichkeit.
Ich spreche den Kindern den Text der 1. Strophe des Liedes vor und kläre mit ihnen − unter Zuhilfenahme des Pfefferkuchenmannes − den Inhalt.	(Mögliche) Sprachschatzerweiterung bzw. Sachinformation.

Danach singe ich den Kindern das Lied vor (1. Strophe), wiederhole Zeile für Zeile zum Nachsingen und lasse die ganze Strophe von den Kindern mehrmals durchsingen, wobei ich anfangs etwas lauter stützend mitsinge und sodann mit meiner Stimmintensität nachlasse, um die Kinder eigenaktiver singen zu lassen.

Eigentlicher Lernprozeß (Lernstufen: Vormachen/Nachmachen).
Prinzip der Übung.

Wenn ich den Eindruck habe, daß diese 1. Strophe vom Text und der Melodie her einigermaßen „sitzt", verteile ich Klanghölzer an die Kinder. Ich frage, ob sie diese Instrumente kennen und erkläre, wie man damit umgeht. Nach einer kurzen Experimentierphase bitte ich die Kinder, mit den Klanghölzern so zu schlagen wie sie sprechen/singen (also dem Rhythmus entsprechend), wobei ich dies kurz demonstriere. Dann singe ich mit den Kindern das Lied (1. Strophe) nochmals durch unter Einsatz der Klanghölzer, anschließend ebenfalls mit Gitarrenbegleitung.

Variation des Prinzips der Übung unter Einsatz eines neuen Mediums.
Vermittlung von Sachinformation.

(Sollten die Kinder das bisherige Lernziel ohne Schwierigkeiten erreicht haben und stünde mir noch ausreichend Zeit zur Verfügung, würde ich nunmehr die 2. Strophe des Liedes nach der gleichen Methode an die Kinder heranbringen.)

Schluß
Ich werde feststellen, daß die Kinder ausgezeichnete Musikanten sind und ihnen mitteilen, daß ich eine Kassettenaufnahme durchführen möchte, welche wir nach der Aufnahme auch abspielen werden.

Bekräftigung.
Lernzielkontrolle.
Erfolgserlebnis für die Kinder.

Zum Abschluß bedanke ich mich für die Mitarbeit der Kinder und lasse jedes Kind in den (Nikolaus-)Sack greifen, woraus es sich ein weihnachtliches Mitbringsel nehmen darf.

Abrundung und harmonischer Abschluß der Beschäftigung.

11. Literatur:
Zugabe Bd. 2, Fidula, Boppard

Beispiel Nr. 5 Wir drucken mit Blättern

Vermittlung der Technik des Blätterdrucks bei gleichzeitiger Naturbegegnung (Herbstblätter).

1. Zeit bzw. Stellung im Tageslauf:
Die Beschäftigung wird gegen 11.00 Uhr am Vormittag beginnen. Die
Kinder haben, wenn das Wetter dies zuläßt, zuvor auf dem Spielplatz
des Kindergartengeländes gespielt und ihren Bewegungsdrang gestillt.

2. Dauer der Beschäftigung:
Sie wird ca. 30 Minuten in Anspruch nehmen. Durch die Eigenaktivi-
tät in der Experimentierphase und der Gestaltungsphase werden
selbst die kleineren Kinder in ihrer Konzentrationsfähigkeit nicht
überfordert sein.

3. Angaben zur Gruppe:
Sie ist alters- und geschlechtsgemischt, d. h., es werden Mädchen und
Jungen von 4 – 6 Jahren teilnehmen. Während die jüngeren noch
unerfahren im Blätterdruck sind, haben die älteren bereits Bekannt-
schaft mit dieser Technik gemacht.

Gruppenraum

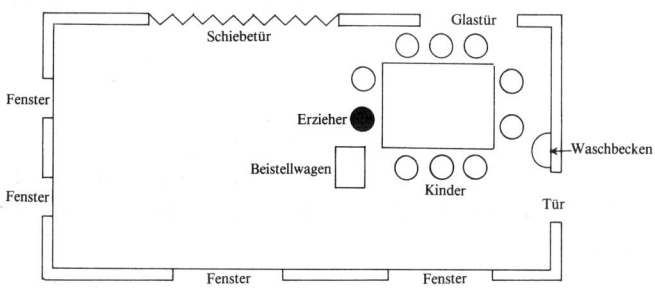

4. Raumgestaltung und Raumskizze:

Die Beschäftigung findet an einem großen Tisch statt, um den alle Kinder Platz finden und alle Kinder auf mich sehen können bei der Vorstellung der Technik. Ausreichende Lichtverhältnisse sind gegeben durch die Glastür und das gegenüberliegende Fenster. Das sich in unmittelbarer Nähe befindliche Waschbecken kann problemlos zum Wasserholen und Pinselauswaschen aufgesucht werden. Der Beistellwagen steht in meiner Griffweite.

5. Thema:

„Wir drucken mit Blättern." Den Kindern soll anhand dieser Drucktechnik eine Alternative zum einfachen Malen mit Pinsel oder Malstift geboten werden. Sie sollen erfahren, daß sich auch Gegenstände/Naturmaterialien ihrer Umgebung zur kreativen Verwendung einsetzen lassen.

6. Aufgabe

Gesammelte Herbstblätter werden mit Tuschfarbe eingestrichen und auf weißes Papier abgedruckt. Die Kinder können hierbei weitgehend selbständig arbeiten (Einzelarbeit!) und eigene Phantasie bzw. Kreativität bezüglich Farbgebung und Anordnung der Blätter entwickeln. Zur Einführung werde ich ein bedrucktes Blatt als Muster vorzeigen und die Herstellung erläutern sowie demonstrieren.

Daraufhin wird den Kindern eine Spiel- bzw. Experimentierphase eingeräumt, bei welcher sie die Technik auf Makulatur- oder Zeitungspapier erproben können. Der danach ausgeführte eigentliche Druck soll Bestandteil einer Gemeinschaftsarbeit werden. Die Mittel zur Inhaltsvermittlung sind die Arbeitsmaterialien und -geräte selbst.

7. Lernziele:

Grobziele:

– Die Kinder kennen die Technik des Blattdrucks.
– Die Kinder erwerben Sicherheit in feinmotorischer Bewegung.
– Die Kinder erweitern ihre Kenntnisse bezüglich der Naturerfahrung.
– Die Kinder ordnen ihre Individualarbeit Gruppeninteressen unter.

Feinziele:
- Die Kinder gehen sparsam mit Wasser beim Auftragen der Tusch-farbe auf die Blätter um.
- Die Kinder wissen, daß die Schablone (= Blatt) beim Drucken nicht verrutschen darf.
- Die Kinder entwickeln eine Vorstellung der Blattaufteilung beim Drucken der Herbstblätter.
- Die Kinder kennen die Färbung des Laubes im Herbst.
- Die Kinder können die verschiedenen Blätter nach ihrer Herkunft der Bäume benennen.
- Die Kinder erfahren, daß ihre Einzelarbeit ein Beitrag und eine Bereicherung zur Gruppenarbeit sein kann.

8. Vorbereitung:
a) zu Hause:
- Blätter sammeln und pressen.
- Literatur bezüglich Blätterdrucktechnik sichten.
- Modelldruck herstellen.
- Baumstamm aus Tonpapier herstellen für die abschließende Gruppenarbeit aus den hergestellten Einzelarbeiten.

b) im Kindergarten:
- Gespräch mit der Gruppenleiterin über die Gruppensituation, Raumaufteilung, Stellung im Tagesablauf, vorhandene Materialien.
- Bereitstellen des benötigten Materials auf einem Beistellwagen.
- Anordnen des Tisches, der Stühle sowie Abdecken des Tisches mit Wachsdecken und Zeitungen.

9. Material:
- Arbeitsmaterial: Papier, Zeitungspapier/Makulaturpapier (für Probedrucke),
  Tuschfarben (gelb, rot, orange, beige, braun, grün).
- Medien: Modelldruck, Herbstblätter, Baumstamm aus Ton-papier.
- Werkzeuge: Pinsel, Wassergläser, Bleistift (zum Kennzeichnen der Arbeiten mit den Namen der Kinder).
- Hilfsmittel: Wachsdecken, Zeitungspapier, Kittel, Nadeln für die Pinnwand, 4 Schälchen.

10. Geplanter Verlauf:

Vorgehen	Begründung
Einstig – Nach der allgemeinen Vorstellung werde ich auf einen Stapel Kittel zeigen und die Kinder auffordern, jeweils einen davon überzuziehen.	– Hinführung zur Einstiegsfrage.
– Ich werde die Kinder fragen, bei welcher Art von Beschäftigung sie bisher auch Kittel getragen haben.	– Ich hoffe, ein Kind erwähnt das Arbeiten mit Tuschfarben.
– Ich frage die Kinder, wie Tuschfarben eingesetzt werden können. Benennt ein Kind hierbei das Druckverfahren, gehe ich darauf ein; wenn nicht, werde ich es nach den Antworten der Kinder selbst vorschlagen.	– Hinführung zur Drucktechnik. – Aufforderung zur verbalen Äußerung.
Hauptteil – Ich frage die Kinder, womit gedruckt werden kann. Erwähnt ein Kind Herbstblätter, gehe ich darauf ein; wenn nicht, bringe ich die Sprache selbst darauf, wobei ich auf die bereitliegenden Blätter zeige.	– Hinführung zum Material. – Aufforderung zur verbalen Äußerung. – Phantasieanregung. – Einbringen der Erfahrungen der Kinder.
– Ich frage die Kinder nach den Namen der einzelnen Blattarten sowie der Farben, die die Blätter im Herbst annehmen.	– Naturerfahrung. – Wortschatzerweiterung.
– Ich stelle die Tuschfarben in den benannten Tönen auf den Tisch und erläutere das Verfahren des Blattdrucks unter Vorzeigen eines Modelldrucks.	– Motivierungsphase. – Prinzip der Anschaulichkeit.

– Ich demonstriere die Technik, indem ich ein Blatt mit Farbe bestreiche und auf ein Papier drucke.	– Prinzip der Anschaulichkeit. – Lenken der Aufmerksamkeit auf sparsame Verwendung von Wasser und die Verrutschgefahr beim Drucken.
– Ich verteile die Pinsel, Herbstblätter und stelle die bereits gefüllten Wassergläser auf den Tisch. Ich stelle den Kindern Makulaturpapier zur Verfügung und fordere sie auf, Probedrucke anzufertigen.	– Experimentierphase: Bekanntwerden mit der Technik. Erfahrung mit dem Material sammeln. – Prinzip der Übung.
– Ich beobachte die Kinder und greife helfend ein, wenn ich darum gebeten werde oder wenn ich sehe, daß ein Kind Schwierigkeiten hat.	– Vorbeugen von Frustrationen. – Positive Bekräftigung. – Motivierung.
– Nach ausreichend erfolgten Probedrucken teile ich weißes Papier aus und fordere die Kinder auf, verschiedene Blattarten dekorativ auf dem Papier anzuordnen.	– Gestaltungsphase: Entwickeln von Phantasie bei der Blattaufteilung. – Anwendung der geübten Technik. – Erfolgskontrolle.
– Sollten einige Kinder, die die Technik bereits beherrschen, rascher mit ihrer Arbeit fertig sein als die kleineren, unerfahreneren Kinder, schlage ich ihnen vor, ein zweites Blatt zu bedrucken.	– Vorbeugen von Langeweile, Nichtbeschäftigung, evtl. Unruhe.
– Wenn alle Kinder mit ihrer Arbeit geendet haben, schreibe ich die Namen auf die Drucke.	– Identifizierung mit dem eigenen Produkt. – Vermittlung von Erfolgserlebnis.

Schluß:
- Während die Drucke trocknen, fordere ich die Kinder zum Aufräumen auf unter Verteilung der einzelnen Aufgaben:
Pinsel auswaschen.
Wassergläser leeren und auswaschen.
Zeitungspapier und nicht mehr verwendbare Blätter in den Papierkorb werfen.
Wachsdecken zusammenlegen.
Unbenutzte Blätter und Tuschfarben auf den Beistellwagen räumen.

- Durch Verteilung der Aufgaben Orientierungshilfe geben.
- Sozialverhalten wird geübt: alle tragen zur Arbeit bei; Vermittlung von Gemeinschaftsgefühl.

- Ich bringe den aus Tonpapier angefertigten Baumstamm an der Pinnwand an und erkläre den Kindern, daß wir einen Phantasiebaum gestalten wollen, der die Blätterdrucke der Kinder trägt, welche ich ebenfalls an der Pinnwand befestige. (Evtl. nochmaliges Benennen der Blattarten.)
- Ich bitte die Kinder, ihre Kittel auszuziehen und auf einen Stuhl zu legen. Ich teile ihnen das Ende der Beschäftigung mit und verabschiede mich.

- Einbringen der Einzelarbeit in die Gruppenarbeit.
- Lernzielkontrolle.

11. Literatur:
„Tolle Sachen aus Naturmaterial" – Judy Allen, Ravensburger: Maier, 1977.

Das nächste Praxisbeispiel beschäftigt sich mit dem Thema „Elektrizität". Die Lernziele wurden in dieser Ausarbeitung nicht in Grob- und Feinziele unterteilt, sondern den einzelnen übergreifenden Lernbereichen zugeordnet.
Die Ausarbeitung besteht aus den Gliederungspunkten „Thema", „Aufgabe", „Material", „Lernziele" und „geplanter Verlauf".

Verdeutlichung des Stroms anhand von Gesprächen und Experimenten.

Thema:

Kinder werden heute ständig (im elterlichen Haushalt, im Kindergarten und sogar beim Spielen) mit Elektrizität konfrontiert. So genießen die Kinder täglich die Annehmlichkeiten, die die Elektrizität ihnen bietet (häufig ohne sich dessen bewußt zu sein), sind aber auch täglich den Gefahren ausgesetzt, die der falsche Umgang mit elektrischen Geräten mit sich bringt (wobei sich einige Kinder nicht darüber im klaren sind, andere dagegen aufgrund einer zu allgemeinen Information über die Gefahren der Elektrizität Ängste vor allem, was mit Strom zu tun hat, entwickeln). So ist es notwendig, das Thema Elektrizität mit den Kindern zu erörtern, damit sie Strom weder für ein unbegreifliches Wunder, noch für einen selbstverständlichen Bestandteil ihres Lebens, noch für eine große Gefahr, der man möglichst aus dem Wege gehen sollte, halten.

Aufgabe:

Die altersgemischte Gruppe (3 – 6 Jahre) soll anhand von Gesprächen und Experimenten erfahren, daß es noch nicht immer Strom gab, was Strom bewirken kann, wie er erzeugt wird und wie man mit Elektrizität umgehen muß, um Gefahren zu vermeiden. Die Aufteilung der gezielten Beschäftigung in Gesprächs- und Experimentierphasen soll bewirken, daß die Kinder gründlich informiert werden und gleichzeitig die Gelegenheit haben, sich aktiv mit diesem Themenbereich auseinanderzusetzen. Sie sollen so ein reflektierteres Verhältnis zur Elektrizität entwickeln.

Material:

Diverse elektrische Geräte (Lampe, Fön, Kaffeemühle, elektrischer und handbetriebener Mixer, Radio, Kochplatte, Elektrowecker, Tauchsieder), Kochtopf, Wasser, Taschentuch, Fahrrad, Batterien, Kabel, Glühbirne, Verlängerungsschnur, Taschenlampe, Klingeldraht.

Lernziele:

a) kognitiver Bereich
- die Kinder wissen, daß es früher keinen Strom gab;
- die Kinder wissen, daß Strom im Elektrizitätswerk erzeugt wird;
- die Kinder wissen, daß der Strom von dort in Leitungen (Kabeln) in die Wohnungen fließt;
- die Kinder erkennen, daß der Strom die verschiedensten Geräte betreiben kann;
- die Kinder erkennen, daß sie selbst Strom erzeugen können;
- die Kinder kennen die Funktion verschiedener elektrischer Geräte;
- die Kinder wissen, daß man unter Einhaltung bestimmter Verhaltensmaßregeln gefahrlos mit Elektrizität umgehen kann (nicht mit nassen Händen elektrische Geräte berühren, keine elektrischen Geräte in die Badewanne nehmen, defekte Kabel nicht berühren, nichts − außer Stecker − in die Steckdose stecken, defekte elektrische Geräte nicht benutzen).

b) psycho-motorischer Bereich
- die Kinder sind in der Lage, verschiedene elektrische Geräte zu handhaben;
- die Kinder können elektrisches Licht mit einer Batterie, zwei Kabeln und einer Glühbirne erzeugen;
- die Kinder können mit Hilfe eines Fahrrad-Dynamos selber Strom erzeugen.

c) emotional-affektiver Bereich
- die Kinder können sich vorstellen, wie ihr Leben ohne Elektrizität aussähe;
- die Kinder verlieren ihre unbestimmte Angst vor Elektrizität.

Geplanter Verlauf:

a) Einstieg
Ich setze mich mit den Kindern in einen Stuhlhalbkreis und stelle mich vor.
Zu Beginn erzähle ich eine Geschichte, die kindliche Tagesabläufe vor 100 Jahren den heutigen gegenüberstellt. Dabei lasse ich die Kinder Unterschiede herausstellen und frage, was diese Unterschiede hervorgerufen hat. Kommen die Kinder nicht gleich auf den Strom, stelle ich gezieltere Fragen. Ich weise noch einmal darauf hin, wie sehr der elektrische Strom das Leben der Menschen verändert hat.

b) Hauptteil

Ich zeige den Kindern nun bereitgelegte elektrische Geräte (siehe Material) und frage, wie sie heißen und warum sie im Augenblick nicht funktionieren (nicht an die Steckdose angeschlossen). Ich schließe die Geräte an das Stromnetz an und bitte einzelne Kinder, sie in Gang zu setzen und zu beschreiben, was das Gerät tut (z. B. das Radio erzeugt Töne, die Lampe erzeugt Licht . . .). Um die Vorstellung der verschiedenen Geräte anschaulicher zu machen, setze ich einige Hilfsmittel ein (der Fön bewegt das Taschentuch, auf der Kochplatte erwärmt sich Wasser). Ich erinnere noch einmal daran, daß es immer der elektrische Strom ist, der alle Geräte in Gang setzt. Ich frage, woher die Geräte den Strom bekommen. Fällt die Antwort „aus der Steckdose", frage ich, wie der Strom in die Steckdose kommt. Wissen einige Kinder darüber Bescheid, greife ich ihre Antworten auf und erläutere sie näher; wissen sie keine Antwort, erkläre ich kurz, daß der Strom im Elektrizitätswerk erzeugt wird und daß er von dort durch Kabelleitungen zu unseren Steckdosen gelangt.

Nun frage ich, ob wir auch selber „unseren eigenen" Strom erzeugen können. Nachdem die Kinder geantwortet haben, hole ich ein Fahrrad in den Stuhlkreis, stelle es auf Sattel und Lenker und lasse ein oder mehrere Kinder (nacheinander) das Vorderrad bewegen. Die anderen Kinder dürfen nun beschreiben, was geschieht (die Lampen beginnen zu leuchten). Ich erkläre den Kindern, daß die Lampen aufleuchten, weil das vorführende Kind das Rad bewegt, an dem sich nun der Dynamo bewegt und Strom erzeugt. Ich bitte das entsprechende Kind, mit dem Drehen aufzuhören, und wir sehen, daß das Licht erlischt. Wir stellen fest, daß wir selbst Strom erzeugen können.

Nun frage ich die Kinder, ob man Strom auch aufbewahren, speichern kann. Nachdem sich die Kinder dazu geäußert haben, zeige ich die mitgebrachten Batterien und erkläre, daß darin Strom gespeichert ist. Um dies zu beweisen, halte ich zwei Drähte an die Pole der Batterie und an eine Glühbirne. Die Glühbirne leuchtet auf, weil der gespeicherte Strom aus der Batterie nun durch die Drähte fließt. Ich lasse einige Kinder mein Experiment wiederholen (Drähte an die Glühbirne halten).

c) Schluß

Zum Schluß stellen wir fest, daß elektrischer Strom etwas sehr Nütz-
liches ist, weil er uns viel Arbeit abnimmt (Erinnerung an die ein-
leitende Geschichte). Ich frage, ob Strom auch gefährlich sein kann
und wann er gefährlich wird. Wissen einige Kinder schon etwas von
den Vorsichtsmaßnahmen, unter denen man mit Elektrizität umgehen muß, lasse ich sie berichten und bestärke sie; ansonsten erkläre
ich einige Regeln (mit nassen Händen darf kein elektrisches Gerät
angefaßt werden, man darf kein elektrisches Gerät mit in die Badewanne nehmen, man darf nicht in Steckdosen herumstochern, Vor-
sicht bei kaputten elektrischen Geräten und Kabeln). Als Lernzielkontrolle bitte ich die Kinder, diese Regeln noch einmal zu wiederholen und erkläre, daß elektrischer Strom nur dann gefährlich ist,
wenn wir diese Regeln nicht beachten.

2. Kurzfassungen

Die folgenden zwei Kurzfassungen wurden im Rahmen einer drei-
monatigen Projektarbeit in einer Kindertagesstätte für Hortkinder
erstellt. Es handelt sich um Ausarbeitungen für einen ca. 1 1/2 stün-
digen Beschäftigungszeitraum.

Vorbereitung einer gezielten Beschäftigung

Praktikant(in):	Gruppe (Alter):	Hortgruppe, 6 – 13 J. (Kindertagesstätte)
	Datum:	Zeit: 14.00 Uhr – 15.30 Uhr

Gesamtthema: Anfertigung von Gegenständen, die zum Spielen mit nach Hause genommen werden können. (Projekt über 10 Nachmittage, je 1 1/2 Std. wöchentl. / 4. Beschäftigung)

Beschäftigungsthema: Selbständige Anfertigung einer einfachen Marionette (Tier) aus Holz u. Filz (s. auch Skizze).

Ziele: Grobziel: Die Kinder können neue Werkzeuge handhaben und experimentieren mit einer Marionette.

Feinziele: – Die Kinder üben den richtigen Umgang mit Feinsäge und Schneidelade.
– Die Kinder erkennen durch Experimentieren die verschiedenen Bewegungsmöglichkeiten einer einfachen Marionette.

Medien: Fertige Marionette als Anschauungsobjekt. Material: Rundholzabschnitte, Filz, Nägel, Schraubösen, Holzperlen, Klebstoff, Wollfäden, Filzstifte.
Werkzeug: 2 Schneideladen, Hammer, Schere, Schablone, 2 Feinsägen, Kombizange, Schleifpapier.

	didaktische Absicht	Methode	Begründung
Einstieg	– Ankündigung dieser Werkarbeit in der letzten Woche – Die Kinder dürfen das Anschauungsobjekt in die Hand nehmen und mit ihm experimentieren.	Nachdem die Kinder Freude an dem Spiel mit der Marionette empfunden haben, beginnen sie mit der Herstellung einer eigenen. Wir besprechen zunächst: Welche Körperteile gehören zur Marionette? Aus welchen Materialien wird sie hergestellt? Dann stelle ich die entsprechenden Werkzeuge (Schneidelade, Feinsäge, Zange, Schablone) auf den Tisch und erkläre, wie diese Werkzeuge richtig gehandhabt werden.	– Die Kinder sollen schon einige Bewegungsmöglichkeiten der Marionette erkennen. – Die Kinder sollen theoretisch erfahren, wie Säge und Schneidelade gehandhabt werden.
Hauptteil	– Die Kinder können bisher unbekannte Werkzeuge erproben.	Während 2 Kinder das 3 cm starke Rundholz durchsägen, um Kopf und Körper der Marionette herzustellen, malen die anderen auf Filz mit einem Filzstift um eine Schablone herum, um das Fell und die Beine des Tieres herzustellen. Nach und nach schneiden alle Kinder das Fell aus und stellen Kopf und Körper her. Die Kinder schmirgeln Kopf und Körper sowie die vorbereitete Halterung (Rundholz 8 mm $\emptyset$, 12 cm lang, 2 Bohrlöcher an den Enden) glatt. Nun wird das kurze Rundholz (Kopf) am Hirnholz, das lange Rundholz (Körper) mit der Maserung mit Klebstoff bestrichen. Holz- und Filzteile werden miteinander verbunden (siehe Skizze). An dem Hinterkörper und am Kopf der Marionette werden mit Hilfe einer Kombizange Schraubösen eingedreht. An die Filzbeine des Tieres werden von außen die Holzperlen (2 cm $\emptyset$) geklebt. Durch die Löcher des Holzstabes wird ein Wollfaden gezogen und an den Ösen festgeknotet. Den Marionetten wird ein Gesicht aufgemalt. Gemeinsames Aufräumen.	– Die Kinder erproben praktisch den Umgang mit Feinsäge und Schneidelade. – Die Kinder erkennen, daß sich ein Spielzeug leicht und schnell selber herstellen läßt.
Schluß	– Die Kinder dürfen die Bewegungsmöglichkeiten ihrer eigenen Marionette ausprobieren.	Die Kinder nehmen die Halterung ihrer Marionette in die Hand und probieren im gemeinsamen Spiel deren Bewegungsmöglichkeiten aus.	– Die Kinder sollen die verschiedenen Bewegungs- und Spielmöglichkeiten ihrer Marionette erkennen und ausprobieren.

116

Skizze zum Thema: Selbständige Anfertigung
einer einfachen Marionette (Tier) aus Holz oder Filz"

Zum technischen Arbeitsvorgang:

Filzschablone:

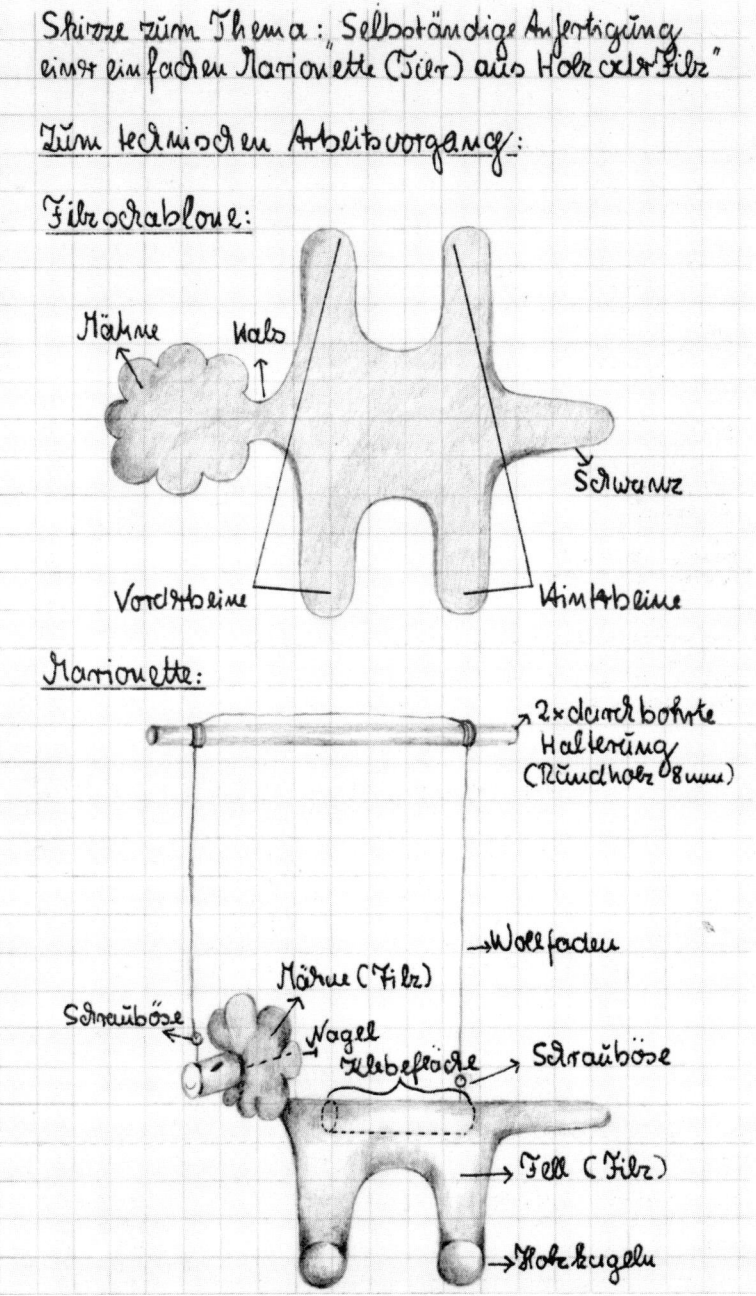

Mähne   Hals

Schwanz

Vorderbeine   Hinterbeine

Marionette:

2x durchbohrte
Halterung
(Rundholz 8mm)

Wollfaden

Mähne (Filz)

Schrauböse

Nagel

Klebefläche   Schrauböse

Fell (Filz)

Holzkugeln

Vorbereitung einer gezielten Beschäftigung

Praktikant(in):	Gruppe (Alter):	Hortkinder, 6 – 12 J. (Kindertagesstätte)
	Datum:	Zeit: 14.30 Uhr – 16.00 Uhr

Gesamtthema: Förderung der Sozialkompetenz
(Projekt von Jan. – März 84 / 2 Std. wöchentl. / 3. Beschäftigung)

Beschäftigungsthema: Malen des eigenen Körpers in Lebensgröße

Ziele: Grobziel: Mit gleichaltrigen und älteren Kindern spielen.

Feinziele: – Abbau von Berührungsängsten,
– auf den Spielpartner eingehen,
– sich darstellen u. mitteilen.

Medien: Papierrolle (Makulaturpapier), extra starke Filzstifte, Vielzweck-Kleber, Tesafilm

	didaktische Absicht	Methode	Begründung
Einstieg	Erklärung unseres Vorhabens anhand eines praktischen Beispiels. (Demonstration)	Die Papierrolle wird auf dem Boden ausgerollt. Susanne legt sich auf das Papier. Gaby umrandet Susannes Körper mit einem Filzstift.	Kinder erfassen den Arbeitsverlauf, werden zum Mitmachen aktiviert.
Hauptteil	Ausführung durch die Kinder. Auf den Spielpartner eingehen, sich darstellen und mitteilen.	Die Kinder legen sich nacheinander auf das Papier. Je ein Kind umrandet den Körper eines anderen Kindes mit einem Filzstift. Die Hände der auf dem Papier liegenden Kinder sollen sich berühren, so daß sich die Abbildungen „anfassen", eine Reihe bilden, um dann zu einem Wandbild zusammengeklebt zu werden. Jedes Kind malt seinen eigenen Körperumriß auf dem Papier so an, wie es sich selbst sieht oder sehen möchte. Die einzelnen Papierbahnen werden zusammengeklebt.	– Abbau von Berührungsängsten, – Rücksichtnahme auf den anderen, – eigene Vorstellungen innerhalb der Gruppe verwirklichen, – Arbeitsfläche und Art der Tätigkeit erfordern ein situationsgerechtes Verhalten.
Schluß	Anbringen des Wandbildes im Gruppenraum. Anschließend betrachten und besprechen.	Das Bild wird an den dafür vorgesehenen Platz gebracht. Kinder äußern sich im Gespräch zum Gemeinschaftsbild.	– Kritische Reflexion der eigenen Arbeit, Fremd- und Selbstkritik. – Erkennen: Gemeinsames Tun kann Spaß machen.

118

Themenvorschläge für die Praxis

Die folgenden Themenvorschläge verstehen sich als Anregungen für die Durchführung gezielter Beschäftigungen.

Bitte bedenken Sie:
Es ist nicht die Aufgabe des Kindergartens, pädagogische Ziele lehrplanmäßig – wie in der Schule – zu verfolgen. Ausgangspunkt für alle zu stellenden Themen und Lernziele ist vielmehr die Lebenssituation des Kindes. Im vorschulischen Alter erlebt es ohnehin alle Bereiche seines körperlich-geistig-seelischen Seins ganzheitlich, so daß ein „fächerorientiertes Lernen" weder den Bedürfnissen noch dem Alter und Entwicklungsstand des Kindes gerecht wird.
Die Unterteilung in Lernbereiche soll nicht nur zeigen, welche Möglichkeiten der Erzieher im Kindergarten hat; sie dient auch der Übersichtlichkeit und Selbstkontrolle für langfristige Planungen.
Durch Zuordnung einzelner Lernziele zu mehreren Lernbereichen sind Überschneidungen möglich.

1. Sozialerziehung

- Meine Familie und ich.
- Kinder malen sich selbst (Spiegelbildmalerei).
- Freude und Traurigkeit.
- Problemgeschichte – Wie mag es wohl weitergehen?
- Wie lebe ich und wie leben andere?
- Blindheit – Was ist Blindheit? Wie lebt ein Blinder?
- Alte Menschen.
- Weihnachten in der Familie. Was schenke ich Vater, Mutter und Geschwistern?
- „Vertragen und nicht schlagen" – Gespräch über Konflikte aus der Erfahrungswelt des Kindes.
- Wir besuchen soziale Institutionen (z. B. ein Altenheim).
- Rollenspiele (z. B. „Familienalltag", „Ich bin krank", „Ein Wochenendausflug", „Streit mit Freunden").

2. Umwelt-, Sach- und Naturbegegnung

- Wie wohnt der Mensch (einzelnes Zimmer, Einfamilienhaus, Wohnblock, Hochhaus)?
- Straße und Stadtteil kennenlernen.
- Wohnen auf dem Lande und in der Stadt.
- Wohnen alle Menschen in einem festen Haus?
- Wie lebt ein Binnenschiffer?
- Mit der Technik im Haushalt vertraut machen. Welche Geräte benutzt die Mutter in der Küche?
- Vergrößerungen mit der Lupe und dem Mikroskop.
- Bald komme ich in die Schule. Wie sieht eine Schule aus?
- Beruferaten. Informationen über alte und neue Berufe.
- Arztbesuch.
- Wir verreisen mit unseren Eltern.
- Die Uhr.
- Besuch bei der Feuerwehr.
- Obst im Herbst. Wir machen Obstsalat.
- Herbst-Spiele (Windrad, Drachen, Laub sammeln und verarbeiten).

- Einkaufen. Umgang mit Geld lernen anhand eines Rollenspiels.
- Nahrung, die wir essen.
- Kinder in anderen Ländern.
- Umweltgeräusche erkennen und benennen (Kassettenrecorder).
- Zahnpflege.
- Wie wird Apfelsaft hergestellt?
- Wir stellen einen Pudding (Kuchen, Kekse usw.) her.
- Veränderung der Landschaft durch den Menschen (zum Nutzen?, zum Schaden?).
- Warum arbeiten die Eltern? Was ist Arbeit?
- Kinder mit Medien vertraut machen (z.B. Bildtafeln, Bilderbücher, Zeitung, Radio, Fernsehen, Kassettenrecorder, Schallplatte, Dia, Film, Video).
- Wir besuchen eine Fabrik.
- Weltraumfahrt.
- Das Leben auf dem Jahrmarkt (im Zirkus).
- Feste im Jahreslauf (die Jahreszeiten).
- Der Bauernhof.
- Besuch eines Museums.
- Post. Der Weg des Briefes vom Absender zum Empfänger.
- Hygiene. Was ist Sauberkeit? Warum Sauberkeit?
- Unsere Umwelt sauber halten.
- Wir basteln Christbaumschmuck (Osterschmuck usw.).
- Besichtigung einer Kirche.
- Meine Kleidung (Arten, Unterscheidungsmerkmale).
- Experimente mit Wasser.
- Mein Haustier.
- Wir besuchen eine Backstube.
- Von Menschen, die in einem Krankenhaus arbeiten.
- Experimente mit der Optik.
- Vom Schaf zum Schal. Wir drehen einen Wollfaden.
- Elektrizität. Woher kommt der Strom? Wozu brauchen wir ihn?
- Experimente und Spiele mit dem Licht.
- Vögel. Wir informieren uns über Nestbau und Aufzucht.
- Gewitter und Blitz.
- Wir besuchen den Tierpark.
- Bienen. Gespräch über Bienen und Anfertigung einer Kerze aus Bienenwachs.

- Basteln mit Naturmaterialien (z. B. Holz, Blätter, Steine, Muscheln).
- Schnee (Wie entsteht Schnee? Schneemann/Schnee-Spiele).
- Tiere in fremden Ländern.
- Das Wetter.
- Was ist Magnetismus?
- Was verändert sich im Frühling (Sommer, Herbst, Winter)?
- Vögel am Futterhaus.
- In unserem Garten ist ein Igel.
- Der Baum – sein Nutzen für die Menschen.
- Der Storch ist ein Zugvogel.

3. Spracherziehung

- Geräusche mit geschlossenen Augen erkennen.
- Arbeiten mit dem Sprachtrainer.
- Aus einem Bild „lesen" lernen (Bildbetrachtung).
- Spiele mit Reimwörtern.
- Sprachspiele (z. B. „Ich packe einen Koffer").
- Jedes Kind berichtet über sein Lieblingsspielzeug.
- Wir erzählen eine Phantasiegeschichte.
- Spiele mit Schnellsprechsätzen.
- Rollenspiele.
- Die Erzieherin erzählt ein Märchen.

4. Umgang mit Mengen, Zahlen und Formen

- Benennen von Farbe, Form und Größe („Logische Blöcke").
- Gegensätzlichkeit „groß" und „klein".
- Mengen von 1 bis 5 mit Hilfe des Mengentrainers kennenlernen.
- Wir legen Figuren.
- Mengenbegriffe „viel" und „wenig".
- Reihen bilden, ordnen lernen.
- Zähl-Spiele.

5. Ästhetische Erziehung

- Farben kennenlernen. Farben mischen.
- Hell und dunkel.
- Kleistermalerei (nach Musik).
- Wir drucken mit Stempeln (Blättern, Kordeln usw.).
- Gestalten mit verschiedenen Materialien.
- Wir malen (verschiedene Themen).
- Masken aus Papiertüten (aus Schuhkartons).
- Mit Knetmaterialien plastizieren.

6. Musik- und Bewegungserziehung

- Herstellen von Klangquellen. Erzeugen von Geräuschen.
- Bewegungsspiele (Rhythmus und Tanz) als Einzel- und Gruppenbeschäftigungen.
- Erfahrung mit Musik (Kleisterbild).
- Musikalische Erfahrungen mit Hilfe eines Sprechreims (z. B. „Eine kleine Hex'").
- Lieder vor- und nachsingen.
- „Peter und der Wolf" (akustische Wahrnehmung und Phantasie der Kinder anhand eines vertonten Märchens sensibilisieren).
- Wir lernen verschiedene Instrumente kennen.
- Wir vertonen eine Geschichte.
- Ausmusizieren eines Bilderbuches.
- Partnerübungen zur Förderung der Bewegungssicherheit.
- Wir machen Musik mit Zeitungen.
- Wir hören Schallplatten.
- Experimente mit dem Kassettenrecorder.
- Wir führen verschiedene Bewegungsarten durch.
- Vorstellungen in Bewegungen umsetzen (ein Luftballon im Wind, ein rasendes Auto, eine schleichende Katze usw.).
- Stimmen und Orff-Instrumente werden improvisierend eingesetzt.

7. Verkehrserziehung

- Verkehrsgeräusche erraten (Schallplatte/Kassettenrecorder).
- Verkehrssituationen kennenlernen.
- Wichtige Verkehrszeichen kennenlernen (Verkehrsregeln).
- Verhalten im Straßenverkehr.
- Verkehrsmittel (Auto, Bus, Motorrad, Fahrrad, Roller, Straßenbahn, Schiff, Flugzeug).
- Schätzübungen (Entfernung und Schnelligkeit).
- Mein Weg zum Kindergarten.
- Wir besuchen eine Polizeiwache.
- Spiele mit dem Verkehrsteppich (Rollenspiel).

Impulse, Anregungen und zahlreiche Vorschläge für die Durchführung gezielter Beschäftigungen finden Sie in:
Peter Thiesen: Arbeitsbuch Spiel − Für die Praxis in Kindergarten, Hort, Heim und Kindergruppe. München: Bardtenschlager, 4. Auflage 1990.

Literatur

Die hier aufgeführte Literatur bietet Ihnen didaktisch-methodische Hilfen für die praktische Arbeit im Kindergarten. Die mit einem * gekennzeichneten Bücher sind besonders für die Vorbereitung gezielter Beschäftigungen geeignet.

*Bergemann, M.: Sporterziehung im Vorschulalter. München, 7. Auflage 1983

*Beyer, G./Knötzinger, M.: Wahrnehmen und Gestalten. München, 4. Auflage 1981

Bleckmann, R.: Soziales Verhalten im Kindergarten. Freiburg, 1984

Borneman, E.: Reifungsphasen der Kindheit. Wien/Frankfurt, 1981

Flitner, A.: Spielen – Lernen. München, 1977

Freudenreich, D., u.a.: Rollenspiel. Hannover, 4. Auflage 1980

*Friedrich, H.: Auf Kinder hören, mit Kindern reden. Freiburg, 1983

*Grosse-Jäger, H.: Freude an Musik gewinnen. Freiburg, 1983

Huppertz, N./Schinzler, E.: Grundfragen der Pädagogik. München, 7. Auflage 1983

Kiphard, E.: Wie weit ist ein Kind entwickelt? Dortmund, 1976

Marquardt, M.: Einführung in die Kinder- und Jugendliteratur. München, 5. Auflage 1982

*Müller, H./Oberhuemer, P.: Die Welt, die uns umgibt. Freiburg, 1982

*Noll, H.: Das sportliche Spiel. München, 1980

Schepping, J.: Verhaltensstörungen in Kindergarten, Hort und Heim. Donauwörth, 5. Auflage 1980

*Syndikus, H.: Kinder singen und gestalten. München, 1980

*Thiesen, P.: Arbeitsbuch Spiel – Für die Praxis in Kindergarten, Hort, Heim und Kindergruppe. München, 4. Auflage 1990

*Thiesen, P.: Kreatives Spiel mit Kindern, Jugendlichen und Erwachsenen. München, 2. Auflage 1989

Thiesen, P.: Schönwetterspiele im Kindergarten. Freiburg, 2. Auflage 1990

Thiesen, P.: Drauflosspieltheater – Ein Spiel- und Ideenbuch. Weinheim und Basel, 1990

*Vogt, W.: Bewegungsförderung. Hannover, 1982

Weber, M.: Grundfragen der Psychologie. München, 1983
Zimmer, J., u. a.: Familie – Kindergarten – Schule. In: Hornstein,
W., u. a., Funkkolleg Beratung in der Erziehung, Bd. 1, Frank-
furt/M., 1977

Zeitschriften

„Kindergarten heute" – Zeitschrift für Erziehung im Vorschulalter
(jährlich 4 Hefte). Herder, Freiburg i. Br.
„Spielmittel" – Zeitschrift für Information, Beratung, Diskussion.
W. Nostheide, Bamberg
„Welt des Kindes" – Zeitschrift für Kleinkindpädagogik und außer-
schulische Erziehung (jährlich 6 Hefte). Kösel, München

Autor

Peter Thiesen, Jahrgang 1952, Diplom-Sozialpädagoge, studierte
Sozialpädagogik, Deutsch und Politische Bildung. Mehrjährige
Tätigkeit als Bezirks- und Stadtjugendpfleger; Lehrbeauftragter an
der Fachhochschule Kiel (1976 – 1979) und VHS-Dozent; 2. Staats-
examen für das Lehramt an Berufsbildenden Schulen. Seit 1979
Dozent an der Fachschule für Sozialpädagogik in Lübeck.
Buchveröffentlichungen zu sozialpädagogischen Themen.
Es erschienen u. a.:
Pädagogisches Feld Jugendarbeit; Handbuch Jugendarbeit;
Arbeitsbuch Spiel – Für die Praxis in Kindergarten, Hort, Heim und
Kindergruppe; Kreatives Spiel mit Kindern, Jugendlichen und
Erwachsenen; Schönwetterspiele im Kindergarten; Drauflosspiel-
theater – Ein Spiel- und Ideenbuch.

Schönwetterspiele im Kindergarten

„... stehen für das Spiel im Freien, für Aktivitäten an der frischen Luft mit Kindern im Alter von drei bis sieben Jahren; gleichgültig zu welcher Jahreszeit, ob als Freispiel oder als vom Erwachsenen angeleitetes Spiel. Das aus der Praxis entstandene Buch wendet sich an Erzieherinnen und Erzieher im Kindergarten und im Hort, an Sozialpädagogen, Grundschullehrer und Studierende der Fachschulen für Sozialpädagogik. Schönwetterspiele bieten Anlässe zu differenziertem Erleben. Das Kind nimmt vielfältige Kontakte zu anderen und zu seiner näheren Umwelt auf. Ausgehend von einer ganzheitlichen Förderung im Kindergarten, möchte das Buch helfen, den Reichtum kindlicher Bewegungs-, Ausdrucks- und Gestaltungsmöglichkeiten im Freien zu entfalten.

Nach einem kurzen Blick in die Geschichte und auf die heutige Situation des Kinderspiels vermittelt das Buch wichtige praxisorientierte spielpädagogische Grundlagen, Informationen und Anregungen. Den Hauptteil bestimmen 200 Spielvorschläge und Gestaltungselemente mit fast ebenso vielen Variationsmöglichkeiten für das Spiel im Freien. Die Spielangebote richten sich gezielt an die Gruppe der Drei- bis Siebenjährigen und sind meist mit einfachen Mitteln durchführbar.

Dieses Buch versteht sich als ein Plädoyer für das Spiel im Freien und wendet sich an alle, die von dessen Notwendigkeit und Bedeutung für das Kind überzeugt sind. Nicht zuletzt ist es ein Beitrag, das Spiele-Repertoire und den Handlungsspielraum der Erzieherin beziehungsweise des Erziehers zu erweitern.

Für das gemeinsame Spiel in Ihrer Kindergruppe wünsche ich Ihnen viel Spaß und Erfolg."

Peter Thiesen
Schönwetterspiele im Kindergarten
Praxis des Spiels im Freien mit 3- bis 7jährigen
2. Auflage 1990, 144 Seiten, Forco, DM 19,80, ab 10 Ex. DM 18,50, ab 25 Ex. DM 17,80, ab 50 Ex. DM 17, –

Hans-Herbert Dreiske
Ohne Netz
Gedichte zur Kindheit
1987, 88 Seiten, illustriert mit Tuschezeichnungen von Christa Berger, kartoniert, DM 15, –

Preisstand: 1. 8. 1990

Lambertus-Verlag GmbH, Postfach 1026, D-7800 Freiburg